Die

Rechtslehrer und Rechtsschulen

im

Römischen Kaiserreich.

Von

Dr. F. P. Bremer,

a. o. Professor der Rechte in Göttingen.

BERLIN.

Verlag von I. Guttentag.

1868.

Der

Rheinischen Friedrich-Wilhelms-Universität,

dem Kleinod meiner Heimath,

der Anstalt, welcher ich als Schüler wie als Lehrer angehörte,

in dankbarer und freudiger Erinnerung

zu ihrem fünfzigjährigen Stiftungsfeste

dargebracht.

Vorwort.

Ueber die Entstehung und Ausbildung der Rechtsschulen im römischen Kaiserreich, desgleichen über die Stellung, welche die grossen Juristen der klassischen Zeit zu diesen Schulen einnahmen, mangelt es beinahe gänzlich an Zeugnissen. Und doch ist es für den Rechtshistoriker unerlässlich, sich namentlich über die zweite dieser Fragen eine bestimmte Ansicht zu bilden. Puchta ist von den neuern Schriftstellern der einzige, der sich über diesen Punkt in eingehender und zwar, wie immer, in sehr bestimmter Weise geäussert hat. Die Zurückweisung seiner Ansicht bildet den einen, leichteren Theil unserer Aufgabe. Weit schwieriger ist dagegen der Nachweis, wie man sich denn das wahre Verhältniss zu denken habe. Wer diese Frage zu erörtern unternimmt, ist bei dem angedeuteten Zustande der Ueberlieferung meist auf Vermuthungen und Combinationen angewiesen, deren Gewicht ihrer Natur nach ein äusserst schwankendes ist. Nichts desto weniger darf ich hoffen, dass die Untersuchung, welche ich hiermit vorlege, manche Punkte aus dem Gebiete der blossen Möglichkeit hinaus in das der Wahrscheinlichkeit, einzelne Punkte vielleicht bis hart an die Grenze der Gewissheit fördert. Dass der Schwierigkeiten und Zweifel genug übrig bleiben, verhehle ich mir keineswegs; ja, es mag sein, dass dieser Versuch sich zu einem grössern oder geringern Theil als verfehlt herausstellt. Darum ist aber an einer endlichen Lösung der Aufgabe nicht zu verzweifeln; vielmehr wird sich, davon bin ich überzeugt, bei allseitiger Erörterung trotz der Ungunst der Quellen ein hinlänglich bestimmtes Resultat erreichen lassen. Ich selbst bescheide mich gern damit, wenn ich zu einer solchen Untersuchung der Frage angeregt habe.

Göttingen, 26. Juli 1868.

Der Verfasser.

Inhalt.

Die

Rechtslehrer und Rechtsschulen

im

Römischen Kaiserreich.

I. Die Professur.

Dass es zur Zeit der klassischen Juristen Rechtslehrer im eigentlichen Sinne gab, also „Personen, die sich das Lehren des Rechts zu einem selbständigen Geschäft gemacht hatten“, ist bekannt genug. Juris civilis professores oder Männer qui ius civile docent erwähnen z. B. Ulpian [1] und Modestin [2]. Fragen wir aber weiter nach der Stellung dieser Professoren, insbesondere nach dem Antheil, den sie an der Fortbildung der Rechtswissenschaft gehabt, nach dem Ansehen, in dem sie bei ihren Zeitgenossen gestanden, nach den Beziehungen, die sie zum Staat und zur Staatsverwaltung gehabt haben mögen, fragen wir endlich darnach, ob und welche von den uns bekannten Juristen etwa Professoren gewesen seien, so erhalten wir heutzutage, wenn überhaupt eine, dann eine vornehm abweisende Antwort.

Die Ansicht, diese Lehrer von Profession hätten in grossem Ansehen gestanden, ja die berühmtesten Juristen seien solche professores gewesen, ist nach Puchtas Darstellung [3] eine von unserm Standpunkte aus nicht unnatürliche, für die damaligen Zustände aber fremdartige Vorstellung. Es findet sich, meint Puchta, auch nicht die mindeste Spur, die als Grund für eine solche Voraussetzung dienen könnte. In jener bekannten Stelle, wo Ulpian den Professoren die gerichtliche Einforderung des Honorars als unziemlich und mit der Würde eben der Wissenschaft, welche diese Leute mitzutheilen sich rühmten, unverträglich verweigere, verrathe er mit keinem Worte, dass er seine Wissenschaft mit dem Treiben dieser Schulhalter identificire. „Die Meinung, dass die professores einen bedeutenden Antheil an der Ent-

[1] Fragm. Vat. §. 150 (aus Ulpians lib. sing. de excus.) L. 1. §. 5. D. de extraord. cognit. (50, 13).

[2] L. 6. §. 12. D. de excus. (27. 1).

[3] Institutionen I. (4. Aufl.) S. 488 ff.

wickelung der Rechtswissenschaft gehabt und dass Männer wie Julian, Papinian, Ulpian, Paulus dieses Metier (denn ein solches war es damals) getrieben hätten, dürfen wir für ebenso seltsam halten, als wenn Jemand Cicero und die andern grossen Redner seiner Zeit mit den Rhetoren verwechseln wollte, welche Suetonius in seinem Buch de claris rhetoribus anführt."

„In der alten Zeit," fährt Puchta fort, „würde über solche juristischen Schullehrer wahrscheinlich eben so geurtheilt worden sein, wie über die lateinischen Rhetoren, deren Schulen noch im siebenten Jahrhundert, nachdem man die griechischen schon gewähren liess, durch ein censorisches Edict missbilligt wurden. Jetzt liess man es geschehen, dass Rechtsschulen gehalten wurden; die Meinungen über den Nutzen und das Bedürfniss derselben waren wohl so getheilt wie bei den rhetorischen; aber man legte im Ganzen keinen sehr grossen Werth darauf; und sie waren weit entfernt, mit der althergebrachten Art des Unterrichts eine gleiche Geltung sich zu verschaffen."

Puchta hat also, und meint damit die Anschauung des Alterthums wiederzugeben, von den iuris civilis professores in Rom eine recht geringe Meinung. Es sind blosse Schulhalter oder Schullehrer, ihr Treiben oder ihr Metier hat mit der Wissenschaft des Rechts nichts zu thun.

Ganz in demselben Sinne weist Rudorff[4] den Rechtslehrern ihren Platz bei dem „Gros der sehr gemischten juristischen Gesellschaft" an, scheidet sie also durch eine tiefe Kluft von der Elite, nämlich den mit dem ius respondendi begnadeten oder den „patentisirten" Juristen als den „Vertrautesten der Regierung."

Diese Zurückweisung der Professoren von der Schwelle der Rechtswissenschaft ist um so bedeutsamer, als grade zu dieser Zeit, wie Puchta[5] ausführt, die „Macht der Wissenschaft" das bei der Rechtsbildung vorzüglich wirkende Element war, ein Element, neben dem jedes andere nur eine untergeordnete Stellung einnahm. —

Unleugbar steht unsere heutzutage übliche Darstellung der römischen Rechtsgeschichte in manchen Punkten hinter der frühern zurück; das gilt insbesondere von der unbefangenen Würdigung der uns überlieferten Thatsachen. Hier haben wir ein interessantes Beispiel von dem Rückschritt in der Erkenntniss. Puchtas Auffassung von der Stellung der römischen Rechtslehrer ist, mit so grosser Sicherheit sie auch auftritt, meines Erachtens ganz unhaltbar.

[4] Röm. Rechtsgesch. I. S. 154.
[5] a. a. O. S. 474.

Puchta statuirt ohne Weiteres einen Gegensatz zwischen den eigentlichen „Juristen“ und den „juristischen Schullehrern“, zwischen der „Rechtswissenschaft“ und dem „Treiben jener Schulhalter“, und kann es dann natürlich leicht für einen Irrthum erklären, wenn man meine, die Juristen hätten die Schulhalter irgend hoch gestellt. Anstatt nachzuweisen, dass der Unterricht der iuris civilis professores mit der Rechtswissenschaft nichts gemein habe, behauptet er, kein Wort des Ulpian verrathe, dass er seine Wissenschaft mit dem Metier jener Rechtslehrer „identificirt“ habe.

In Wahrheit verhält es sich umgekehrt. Ulpian deutet mit keinem Worte an, dass der Unterricht jener professores irgend einen Gegensatz zu der Rechtswissenschaft bilde oder dass er die Thätigkeit derselben als ein blosses Metier ansehe, das er seiner für unwürdig halte.

Die nämliche Stelle, die Puchta für die tiefe und eigentlich verachtete Stellung der Professoren anruft, führen Andere, z. B. Bernhardy,[6] als Beweis der „ehrenvollen Stellung“ der Rechtslehrer an; und mit vollstem Recht. Betrachten wir uns diese Stelle etwas näher.

L. 1. §. 5. D. de extraord. cognit. (50, 13). — Proinde ne iuris quidem civilis professoribus ius dicent (sc. praesides provinciarum). est quidem res sanctissima civilis sapientia, sed quae pretio numario non sit aestimanda nec dehonestanda, dum in iudicio honor petitur, qui in ingressu sacramenti efferri debuit; quaedam enim tametsi honeste accipiantur, inhoneste tamen petuntur.

Ulpian sagt in dieser leider theilweise corrumpirten Stelle nicht nur nicht, dass die civilis sapientia etwas den iuris civilis professores fremdes sei, sondern vielmehr umgekehrt, dass man bei ihnen diese sapientia sich erwerben könne; nur sei es als eine Entehrung derselben anzusehen, wenn man den honor (das Honorar) gerichtlich beitreiben wolle. Aber ein Honorar anzunehmen, sei durchaus anständig (honeste accipiantur) und nicht blos, wie Puchta es fälschlich übersetzt, „nicht gerade verwerflich.“

Was sollen nun aber die Worte heissen: qui in ingressu sacramenti efferri debuit? Da qui nur auf das vorangehende honor gehen kann, so erscheint zunächst die alte Emendation offerri ganz unbedenklich. Das offerre steht dem petere entgegen und erhält in dem accipere seine Bestätigung.

Die Worte: in ingressu sacramenti hat man früher in geradezu

[6] Grundriss der röm. Litteratur (4. Aufl.) Anm. 234.

unverständiger Weise erklären wollen. So schreibt Scip. Gentilis[7]: putem iuramentum intelligi, quod professoribus iuris initio offerri, antequam inciperent profiteri, a principe vel magistratu solebat. Dagegen meint Conradi,[8] die Schüler hätten sub ingressu iuris disciplinae einen Eid schwören müssen de bonis moribus colendis et de diligentia in progressu studii adhibenda. Ganz abgesehen von der sachlichen Monstrosität dieser Behauptung ist nicht einzusehen, wie jene Worte sprachlich eine solche Erklärung zulassen. Heutzutage scheint man überhaupt keine Erklärung für sie zu haben; wenigstens finde ich nirgends auch nur einen Versuch, sie zu erläutern.

Ich denke, sacramenti ist corrumpirt und dafür sacrarii zu lesen. Sacrarium, sagt derselbe Ulpian[9] an einer andern Stelle, sacrarium est locus, in quo sacra reponuntur, quod etiam in aedificio privato esse potest. Ulpians Vorstellung geht also dahin, dass die civilis sapientia in dem auditorium gewissermassen ihre Stätte habe; sie, eine sanctissima res, könne man sich nicht etwa kaufen, sondern man habe beim Eintritt in das sacrarium freiwillig eine Gabe zu offeriren. Die vorgeschlagene Emendation trifft meines Erachtens um so mehr zu, als es wirklich bei vielen Tempeln Sitte war, beim Besuch derselben eine Gabe darzubringen[10].

Hiernach stürzt Puchtas Ansicht von der wenig ehrenvollen Stellung der Professoren, wenigstens insofern sie auf jene Stelle Ulpians gestützt wird, als durchaus unbegründet zusammen; in einem würdigeren Lichte, als Ulpian es thut, die Aufgabe der Rechtslehrer darzustellen, ist gar nicht möglich.

Puchta kommt denn auch mit seiner Behauptung nach einer andern Seite sehr ins Gedränge. Während Männer wie Julian, Papinian, Ulpian und Paulus nach seiner Ansicht auf das Metier der Schulhalter vornehm herabsahen, sollen sie es anderseits nicht verschmäht haben, für diese Schulen Bücher zu schreiben. „Die angesehenen Juristen," so sagt Puchta wörtlich, „sorgten auch für den Anfangsunterricht durch Schriften, die sie für den Gebrauch der Anfänger schrieben; dies ist die Veranlassung der Institutiones und ähnlicher Bücher, die also keineswegs als Schulbücher und Grundrisse für Vor-

[7] Parerg. I, 9.

[8] De vita et scriptis Q. Cerv. Scaevolae (Lips. 1755) p. 57.

[9] L. 9. §. 2. D. de divis. rer. (1, 8).

[10] Marquardt Röm. Alterth. IV. S. 156 f. Es mag noch erwähnt werden, dass auch Zacharias Mityl. (bei Heineccius Hist. iur. civ. §. 362) das auditorium in Beryt als fanum dei bezeichnet.

lesungen zu betrachten sind, wiewohl sie in der spätern Zeit und zum Theil vielleicht auch schon von den professores dieser Periode in dieser Art gebraucht wurden.“ Abgesehen davon, dass diese Auffassung der Institutiones in sich unklar, ja widerspruchsvoll ist, gestehe ich, nicht einzusehen, wie man sich selbst für den Anfangsunterricht zu gut halten und dann dennoch Schriften für denselben verfassen kann. Dass nicht nur ein Gaius, sondern auch ein Paulus und Ulpian Institutiones schrieb, ist wiederum ein Beweis dafür, dass der angebliche Gegensatz zwischen der Wissenschaft des Rechts und dem s. g. Treiben jener Schulhalter von Puchta vollständig erfunden ist.

Die nähere Einrichtung dieser Rechtsschulen, wie sie Ulpian voraussetzt, werden wir unten näher zu entwickeln suchen; hier zum Beginn der Untersuchung ist nur noch ein einzelner, mit Puchtas kritisirter Auffassung im Zusammenhang stehender Punkt zu erörtern, der uns zugleich auf die ältere Gestalt des Rechtsunterrichts führt.

In jenen Rechtsschulen soll nämlich nach Puchtas Behauptung [11] nur „der einleitende Rechtsunterricht“ im Gegensatz des praktischen ertheilt worden und die frühere Form des Anfangsunterrichts sich daneben nur noch als Ausnahme erhalten haben. Um nun seinen Satz von dem geringen Ansehen der Rechtsschulen wahrscheinlich zu machen, sucht Puchta [12] die Bedeutung der „vorbereitenden und einleitenden Lehre (institutio)“ schon für die frühere Zeit möglichst abzuschwächen. Mit derselben soll es nämlich zu Ciceros Zeit folgende Bewandtniss gehabt haben.

Die institutio sei regelmässig nicht Sache der angesehensten, durch das Zutrauen ihrer Mitbürger viel beschäftigten Juristen gewesen; doch hätten sich immerhin solche gefunden, die eigene Neigung oder fremdes Anliegen dazu bestimmte. Ausserdem sei wohl auch von vorgeschrittenen Schülern den Anfängern Hülfe geleistet worden, und mancher habe sich durch eigene Kraft zu der Fähigkeit, am praktischen Unterricht mit Nutzen Theil zu nehmen, emporgearbeitet.

Diese Darstellung steht mit der Ueberlieferung in unversöhnlichem Widerspruch. Wir wissen, dass z. B. Balbus Lucilius dem Servius Sulpicius und Trebatius dem Labeo diesen vorbereitenden Unterricht ertheilt hat.

L. 2. §. 43. D. de orig. iur. (I, 2) von Pomponius. — ... plurimum eos de quibus locuti sumus, audiit (sc. Servius), institutus a Balbo Lucilio, instructus autem maxime a Gallo Aquilio.

[11] a. a. O. S. 487. [12] a. a. O. S. 486.

L. 2. §. 47. ibid. ... Antistius Labeo, qui omnes hos audiit, institutus est autem a Trebatio.

Instituere bezeichnet einen absichtlichen und zwar einen zusammenhängenden Unterricht im Gegensatz der Belehrung, welche das Zuhören bei Ertheilung von rechtlichem Rath gewährt.[13] Instructio endlich ist eine ausserordentliche Förderung[14], etwa durch directe Anleitung zur Praxis, zur Abfassung von Urkunden u. s. w.

Dass aber die angeführten Fälle, in welchen angesehene Juristen jenen theoretischen Unterricht ertheilten, nur als Ausnahmen angesehen werden durften, ist wieder eine willkürliche Voraussetzung Puchtas.[15] Cicero erklärt[16] vielmehr ausdrücklich: Ius civile docere semper pulchrum fuit hominumque clarissimorum discipulis floruerunt domus. Nun aber muss unter docere gerade auch jener einleitende Unterricht, das instituere, verstanden werden, wie eine andere Stelle des Cicero[17] beweist. ... qui (sc. Q. Scaevola) quamquam nemini se ad docendum dabat, tamen consulentibus respondendo studiosos audiendi docebat. Wenn es als etwas Bemerkenswerthes erschien, dass Q. Scävola sich dem eigentlichen Dociren entzog, so ist das ja der beste Beweis, dass eine solche Unterweisung auch von angesehenen Juristen und von ihnen gerade zuerst erwartet werden durfte.

Hielten es also schon zur Zeit der Republik angesehene Juristen nicht unter ihrer Würde, jungen Leuten wissenschaftlichen Unterricht in der Form von Lehrvorträgen zu geben, so fällt auch der Grund weg, weshalb die zur Kaiserzeit entstandenen förmlichen Rechtsschulen, denen jetzt jener Unterricht anheim fiel, in geringer Achtung gestanden haben sollten.

In den neuen Rechtsschulen wurde indess keineswegs bloss der einleitende Unterricht ertheilt; vielmehr war ihre Wirksamkeit eine viel ausgedehntere. Die wichtigste Stelle über unsere Rechtsschulen ist die Erzählung des Gellius Noct. Att. XIII, 13, die wir, so weit sie hier von Interesse ist, mittheilen wollen:

Cum ex angulis secretisque librorum ac magistrorum in medium iam hominum et in lucem fori prodissem, quaesitum esse memini in plerisque Romae stationibus ius publice docentium aut respondentium:

[13] Schilling Bemerkungen über röm. Rechtsgeschichte S. 350 Anm. 975. Danz Gesch. des röm. Rechts I. S. 98. Rudorff a. a. O. I. S. 309 Anm. 1 u. 2.

[14] Rudorff a. a. O.

[15] a. a. O. S. 486 u. S. 437.

[16] Orat. 41.

[17] Brut. 89.

an quaestor populi Romani a praetore in ius vocari posset. Id autem non ex otiosa quaestione agitabatur, sed usus forte natae rei ita erat, ut vocandus esset in ius quaestor. ... Sed ego qui tum adsiduus in libris M. Varronis fui, cum hoc quaeri dubitarique animadvertissem, protuli unum et vicensimum rerum humanarum, in quo ita scriptum fuit.... Utraque igitur libri parte recitata, in Varronis omnes sententiam concesserunt quaestorque in ius ad praetorem vocatus est.

Hiernach gab es also in Rom zwei Arten von stationes: solche, in denen publice docirt und solche, in denen publice respondirt wurde. Die erste Frage, die sich hieran anknüpft, ist: was bedeutet publice docere, publice respondere?

An und für sich kann publice eben so gut: von Staatswegen oder unter öffentlicher Auctorität, als: vor dem Publicum oder öffentlich bedeuten. An unserer Stelle aber muss publice die letztere Bedeutung haben. Es ist denn auch meines Wissens noch Niemanden eingefallen, unter den ius publice docentes vom Staate angestellte und im Namen und unter der Autorität des Staats lehrende Juristen zu verstehen. Publice hat hier ganz denselben Sinn wie in publice recitare, declamare u. s. w., Uebungen, von denen in der Kaiserzeit so viel die Rede ist. Es ist von Interesse, einige solcher Stellen hier mitzutheilen.

Sueton. Domit. 2 ... recitavitque etiam publice.

Id. rhet. 1. — Nero Caesar primo imperii anno publice quoque bis antea declamavit.

Spartian. Sept. Sev. 1. — octavo decimo anno publice declamavit.

Dieses publice erhält dann seine Erklärung, wenn eine solche überhaupt noch nöthig wäre, durch andere Stellen.

Seneca praef. exc. contr. 4. — Pollio Asinius nunquam admissa multitudine declamavit.

Ib. p. 415. — declamabat Haterius admisso populo.

Id. praef. contr. 5. — declamavit (Labienus) non quidem populo, sed egregie; non admittebat populum, quia u. s. w.

Capitol. Gordian. 3. ... ubi adolevit, in Athenaeo controversiis declamavit audientibus etiam imperatoribus suis.

In einem ähnlichen Sinne reden unsere Quellen von iuris scientiam publice profiteri, iura publice interpretari, ius publice docere, ius oder de iure publice respondere. Wenn z. B. Pomponius in L. 2. §. 35. D. de orig. iur. sagt: ex omnibus qui scientiam (sc. iuris civilis) nacti sunt, ante Tiberium Coruncanium publice professum neminem traditur, so muss das dahin verstanden werden, dass Tiberius Coruncanius als erster plebejischer Pontifex Maximus nicht, wie es bisher geschah, blos für Patricier, sondern auch für Plebejer, also für jeden Bürger zugänglich war.[18]

Wenn es ferner §. 8. J. de iure nat. (I, 2) heisst: antiquitus institutum erat, ut essent, qui iura publice interpretarentur, so wird dieser Ausdruck durch den andern interpretari populo sofort vor Missdeutung gesichert.

Ganz dieselbe Bedeutung hat endlich das publice respondere. Würde das nicht schon durch die Verbindung dargethan, in welcher dieser Ausdruck bei Gellius mit publice docere vorkommt, so bewiese es der andere abwechselnd gebrauchte Ausdruck populo respondere.

L. 2. §. 47. D. de orig. iur. (I, 2). — ... si quis fiduciam sui haberet, delectari, si populo ad respondendum se praepararet. Ergo Sabino concessum est a Tiberio Caesare, ut populo responderet.

Aber wie verhält sich denn dieses publice respondere zu dem sog. ius respondendi? Die Juristen, welche publice respondirten, brauchten durchaus nicht dieses ius respondendi zu haben, sondern qui fiduciam studiorum suorum habebant, consulentibus respondebant. Das galt ebensogut nach wie vor Augustus. Unter diesem Imperator wurde nur ein Unterschied unter den responsa nach ihrer rechtlichen Bedeutung gemacht. Während nämlich bisher der iudex, dem ein responsum vorgelegt wurde, keineswegs verpflichtet war, dasselbe für seine Entscheidung zu berücksichtigen[19], musste er jetzt unter gewissen Bedingungen darnach erkennen. Die erste Bedingung war, dass das responsum von einem Juristen herrührte, der ausdrücklich patentisirt war, die zweite, dass es in einer genau bestimmten Form, nämlich schriftlich und versiegelt, bei Gericht überreicht worden war. Es gab also jetzt zwei Klassen von Respondenten, solche, die ein kaiserliches Patent besassen oder die, wie Pomponius sich ausdrückt, ex principis auctoritate respondirten, und solche, die eines Patentes ermangelten. Nur die Responsa der patentisirten Juristen hatten für den Richter verbindliche Kraft. Zu respondiren und zwar auch publice zu respondiren, war aber deshalb den nicht patentisirten Juristen unbenommen[20]. Wurde dem Richter das Responsum eines solchen Juristen vorgelegt, so hatte es für ihn keine andere, aber auch keine geringere Bedeutung, als die vor Augustus den Responsa der Juristen überhaupt

[18] Zimmern Gesch. des röm. Privatrechts I. S. 192 f. Puchta a. a. O. S. 303 f.

[19] Puchta S. 306.

[20] Zimmern I. S. 198. Puchta I. S. 571 u. 572 f.

zukam, nämlich eine rein wissenschaftliche und moralische. Den Responsen der patentisirten Juristen kam dagegen eine rechtlich zwingende Kraft, also eine maior auctoritas zu.[21]

Hiernach ist es irrig, den Ausdruck ex principis auctoritate respondere für synonym zu halten mit publice respondere, und dann den letztern mit Respondiren „von Staatswegen" zu übersetzen.[22] Publice, d. h. populo zu respondiren war gar kein besonderes, erst ausdrücklich nachzusuchendes Recht (und wenn Pomponius von publice respondendi ius redet, so kann das unmöglich in diesem Sinne verstanden werden), sondern jeder, der sich die Fähigkeit zuschrieb, konnte ohne Weiteres so respondiren; nur derjenige bedurfte einer besondern Concession, der seinen Responsa eine äussere, vom Richter anzuerkennende Autorität verschaffen wollte. Das publice respondere hat also mit dem ex principis auctoritate respondere nichts zu thun. Das eine heisst: seine Thätigkeit als Respondent öffentlich üben oder so, dass sie Jedem zu Statten kommt, das andere: auf Grund einer kaiserlichen Erlaubniss respondiren, ohne dass jedoch aus der Nachsuchung der Erlaubniss folgte, man dürfe nicht auch ohne dieselbe respondiren. Das Respondiren kraft besonderer Genehmigung hat nur eigenthümliche Wirkungen, die dem gewöhnlichen Respondiren nicht zukommen.

Da das sog. ius respondendi für unsere weitere Untersuchung ohne Interesse ist, so bleibt es im Folgenden ausser Betracht. Wir fragen immer nur, ob ein gewisser Jurist publice respondirt, nicht, ob er zu den patentisirten Juristen gehört habe.

Kehren wir zu den stationes ius docentium zurück, so ergiebt sich, dass dieselben nichts anderes sind, als was man sonst scholae oder auditoria nennt.

Sueton. Tiber. 11. cum circa scholas et auditoria professorum assiduus esset.

Dial. de orat. 35. quidquid in schola cotidie agitur, in foro vel raro vel nunquam.

Quintil. inst. orat. 10, 1, 36. non tamen eandem esse condicionem sciamus litium ac disputationum, fori et auditorii, praeceptorum et periculorum.

[21] Von dergleichen bei Gericht überreichten responsa ist in unsern Rechtsquellen nicht selten die Rede. Hierher gehört z. B. L. 43. D. de act. empt. (19, 1) u. L. 34. D. de negot. gest. (3, 5). Vgl. unten über die Thätigkeit des Assessors.

[22] So z. B. Puchta I. S. 569 f. Rudorff I. S. 168 u. S. 152.

In der letzten Stelle gehen der lis, dem forum und dem periculum (nämlich dem periculum iudicii) [23] einerseits, die disputationes, auditoria und praeceptores andrerseits parallel.

Sofern nun zu diesen scholae oder auditoria das Publikum Zutritt hat, wenn auch nur unter gewissen Bedingungen, sofern also in den stationes publice docirt wird, sind es publicae scholae oder publica auditoria.

Capitol. Anton. philos. 3. frequentavit et declamatorum scholas publicas.

Ein solcher Hörsaal wurde manchmal von dem Kaiser öffentlichen Lehrern zur Verfügung gestellt.

Hieronym. in Chron. ad Domit. a. VIII. — Quinctilianus ex Hispania Calagurritanus primus Romae publicam scholam et salarium e fisco accepit.

Lamprid. Alex. Sev. 44. — Rhetoribus, grammaticis, medicis, haruspicibus, mathematicis, mechanicis, architectis salaria instituit et auditoria decrevit.

Nicht deshalb aber, weil hier die schola oder das auditorium „von Staatswegen" angewiesen wurde, war sie eine publica schola, sondern weil in ihr Unterricht ertheilt wurde, an dem Jeder Theil nehmen konnte.

Dass auch den ius publice docentes aut respondentes vom Staat ein Hörsaal angewiesen worden sei oder dass diese juristischen Docenten und Respondenten ihre Vorträge etwa in dem von Hadrian gestifteten Athenaeum gehalten hätten, davon ist uns nichts überliefert; wohl aber werden publica auditoria bei Juristen erwähnt. Diesen Ausdruck hier anders zu verstehen als dort bei den Philosophen, wäre offenbar willkürlich. So wenig man Bedenken trägt, die ius publice docentes bei Gellius mit den iuris civilis professores bei Ulpian für identisch zu halten, eben so wenig kann es einem Zweifel unterliegen, dass unter den publica auditoria der Juristen die stationes ius publice docentium des Gellius zu verstehen seien.

Wie es in diesen stationes, namentlich in denen der öffentlichen Respondenten, zuging, zeigt der Zusammenhang der aus Gellius mitgetheilten Stelle. Wurde eine Rechtsfrage (quaestio) zur Entscheidung vorgelegt, so beschränkte sich die Verhandlung nicht etwa auf ein einsilbiges Fragen und Antworten, sondern es entwickelte sich leicht eine lebhafte Debatte (agitare). An derselben konnte sich ausser

[23] Cicero pro Mur. 2, 3. ... is periculum iudicii praestare debet qui se nexu obligavit.

dem Fragesteller und dem Respondenten auch jeder Andere betheiligen. Man berief sich für seine Ansicht auf Autoren, legte die betreffenden Schriften vor (protuli XXI. rerum humanarum) und las daraus die Beweisstellen vor (utraque libri parte recitata).

Es waren also förmliche disputationes, wie sie um diese Zeit bekanntlich in den Rhetorenschulen ganz gewöhnlich waren. Was den Stoff zu diesen juristischen Erörterungen anbetrifft, so wurden nicht bloss fingirte Rechtsfälle (non ex otiosa quaestione) [24], sondern auch praktische Fragen, wie das tägliche Leben sie erzeugte (usus forte natae rei ita erat), besprochen, und das Resultat der Verhandlung konnte dann, wie in dem von Gellius erzählten Falle, sofort praktisch verwerthet werden.

Gelegen waren die stationes in der Nähe öffentlicher Bibliotheken, deren es in der Kaiserzeit eine grössere Anzahl gab [25]. Diese Bibliotheken aber waren gewöhnlich in Tempeln angebracht und bestanden aus einer lateinischen und einer griechischen Abtheilung [26]. Für die Verwaltung gab es besondere Beamte, denen eine Anzahl servi publici zur Hand gingen. In diesen Bibliotheken, die dem Publikum zur Benutzung offen standen, pflegten sich Lehrende und Lernende gern zu versammeln, um zu lesen oder sich sonst zu unterrichten. Das galt z. B. von der Bibliothek, die Vespasian in dem Friedenstempel gestiftet hatte. Hier gab es zahlreiche Auditorien, in denen namentlich auch Galen Vorträge hielt und Demonstrationen machte [27].

Die lateinische Abtheilung der Bibliotheken enthielt namentlich die juristische Litteratur, so z. B. die bibliotheca Ulpia im Tempel des Trajan. Gellius erzählt nämlich XI, 17: Edicta veterum praetorum, sedentibus forte nobis in bibliotheca templi Traiani et aliud quid quaerentibus, cum in manus incidissent, legere atque cognoscere libitum est. Tum in quodam edicto antiquiore ita scriptum invenimus: Qui flumina retanda publice redempta habent... Retanda igitur quid esset quaerebatur. Dixit ibi quispiam nobiscum sedens amicus meus, in libro se Gavi de origine vocabulorum VII. legisse u. s. w.

[24] Vgl. Plin. ep. 1, 13. Plerique in stationibus sedent tempusque audiendi fabulis conterunt. Aber es ist fraglich, ob diese Stelle nicht auf die Rhetorenschulen geht. Dial. de orat. 31. Auson. prof. 15.

[25] Die Regionarier geben ihrer 28 an. Preller Regionen S. 219.

[26] Marquardt V, 1. Anm. 594.

[27] Friedländer I, S. 18 f.

Die in den Hallen des Apollotempels angelegte bibliotheca Palatina[28] enthielt gleichfalls eine juristische Section.

Schol. ad Iuven. 1, 128. Bibliothecam iuris civilis ... in templo Apollinis Palatini dedicavit Augustus.

Hier pflegten denn auch die Juristen zusammenzukommen und zu debattiren.

Schol. l. c. iuxta Apollinis templum iuris periti sedebant et tractabant.

Aller Wahrscheinlichkeit nach war also hier eine der von Gellius erwähnten stationes ius publice respondentium.

Auch auf dem Capitol gab es eine Bibliothek. War dieselbe, wie zu vermuthen steht, von Hadrian gestiftet, so darf man annehmen, dass in ihr die Rechtslitteratur nicht fehlte. Man erinnere sich, wie gerade Hadrian sich die Hebung des Rechts angelegen sein liess, wie auf seine Anordnung das prätorische Edict componirt wurde und er die bedeutendsten Juristen in seinen Rath zog.[29] Hiernach dürfen wir denn auch wohl weiter vermuthen, dass es bei der bibliotheca Palatina gleichfalls eine juristische statio gab, und zwar um so mehr, weil wir später in Constantinopel das öffentliche, für die Vorlesungen bestimmte Gebäude wirklich auf dem Capitol finden.

Bisher haben wir die stationes ius publice docentium aut respondentium zusammen betrachtet, ohne darnach zu fragen, wie beide Arten sich von einander unterscheiden. Diese Unterschiede aber liegen auf der Hand. In den stationes docentium wurde ein zusammenhängender theoretischer Unterricht ertheilt, in den stationes respondentium dagegen concrete Rechtsfragen verhandelt und entschieden. Dort also war ein ständiges, hier ein wechselndes Publicum; dort sprach allein der Lehrer und verhielt das Publicum sich rein receptiv; hier dagegen fand eine Erörterung statt zwischen dem Fragesteller und dem Respondenten, eine Erörterung, an der leicht auch noch andere Personen aus dem Publicum Theil nahmen; dort war also die lernende Jugend versammelt, hier dagegen verkehrte der rathsbedürftige Bürger oder auch der Anregung, Belehrung und Unterhaltung suchende Jurist.

[28] Suet. Aug. 29. addidit porticus cum bibliotheca latina graecaque. Wir kennen noch verschiedene Beamte, die bei dieser für uns besonders interessanten Bibliothek angestellt waren. Vgl. z. B. Sueton. ill. gr. 20. Orelli 41. Henzen annali d. Inst. 1856 p. 21 n. 120.

[29] Spartian. Hadr. 17. cum iudicaret, in consilio habuit non amicos suos aut comites solum, sed iuris consultos et praecipue Iulium Celsum, Salvium Iulianum, Neratium Priscum aliosque, quos tamen senatus omnes probasset.

Wenn sonach die stationes docentium für den Unterricht, die stationes respondentium dagegen für die Entscheidung von Rechtsfragen da waren, so darf man doch diesen Gegensatz nicht zu scharf nehmen.

In den stationes respondentium konnten, wie aus Gellius' Darstellung hervorgeht, auch otiosae quaestiones, rein theoretische Fragen verhandelt werden; solche Erörterungen hatten also einen blos wissenschaftlichen oder belehrenden Charakter. Wir dürfen demnach annehmen, dass auch die in ihren Studien bereits mehr vorgerückte juristische Jugend hier verkehrte, um durch Zuhören oder durch Theilnahme an der Debatte ihre theoretischen Kenntnisse zu erproben und zu befestigen.

Nur die ius publice docentes aber sind Lehrer im eigentlichen Sinne (praeceptores, magistri); sie allein haben wir unter den iuris civilis professores zu verstehen. Indess braucht man andrerseits doch auch nicht anzunehmen, dass die publice respondentes andere Personen gewesen seien, als die publice docentes; vielmehr wird aller Regel nach der Docent zugleich Respondent gewesen sein. Ausnahmen kamen allerdings vor, waren aber gewiss selten. Demnach fungirte ein und dieselbe Person an gewissen Tagen und zu gewissen Stunden als Docent, an andern Tagen aber oder zu andern Stunden als Respondent.

Es gab also, wie die Erzählung des Gellius beweist, schon unter Pius, wenn nicht schon unter Hadrian zu Rom eine Art Rechtsschule. Nach andern Zeugnissen aber konnte man hier noch früher förmlichen Rechtsunterricht erlangen. Schon unter Nero schickt ein Bürger von Messene in Arcadien seinen Sohn nach Rom, um daselbst Jurisprudenz zu studiren.[30] Zur Zeit des Pomponius hielten sich zu diesem Zweck vielleicht schon viele junge Leute aus Griechenland hier auf.[31] Julian[32] und Scävola,[33] Ulpian[34] und Modestin[35] erörtern Rechts-

[30] Philostr. vit. Apoll. Tyan. 7, 42. Marquardt III, 1. Anm. 2096.

[31] L. 50. D. de minor. (4, 4). Vgl. Hugo Gesch. des röm. Rechts, 11. Aufl. S. 838 Anm. Asher Zeitschr. f. Rechtsgesch. V, S. 86 Anm. 1.

[32] L. 18. §. 1. D. de iudic. (5, 1) von Ulpian. — Juliano placet, si filiusfamilias legationis vel studiorum gratia aberit.... si forte pater in provincia sit, ipse autem Romae vel studiorum causa vel alia iusta ex causa agat...

[33] L. 17. D. de reb. cred. (12, 1) von Ulpian. — Cum filiusfamilias viaticum suum mutuum dederit, cum studiorum causa Romae ageret, responsum est a Scaevola, extraordinario iudicio illi esse subveniendum.

[34] L. 18. §. 1. cit. L. 17. cit. L. 5. §. 5. D. de iniur. (47, 10) von Ulpian. — ponamus enim, studiorum causa Romae agere.

[35] L. 36. pr. D. ad municip. (50, 1) von Modestin. — Titio, cum esset Romae studiorum gratia, epistola missa est a magistratibus patriae suae....

fragen, die in Rom studirende Provincialen betreffen. An der via Labicana liegt ein iuris studiosus aus Nicomedien begraben.[36]

Als Rechtslehrer konnte Jeder auftreten, der Lust und Geschick dazu in sich fühlte. Da aber nach einem Rechtssatze, der sich vielleicht am Gericht des praetor tutelaris ausgebildet hatte, die römischen Professoren von der Uebernahme einer Vormundschaft frei sein sollten,[37] so musste, wer als Rechtslehrer dieser Begünstigung theilhaftig werden wollte, bei der Obrigkeit eine protokollarische Erklärung (professio) abgeben.[38] Diese vacatio publici muneris war ein Entgelt dafür, dass man sich schon durch den öffentlichen Unterricht um die Gemeinde hinreichend verdient machte.[39]

Aber auch die nicht zu Rom ansässigen, sondern aus Italien oder den Provinzen hergekommenen Studenten waren von Uebernahme einer Vormundschaft frei und mussten sich deshalb bei dem magister census, einem Unterbeamten des praefectus urbi melden,[40] was gleichfalls profiteri genannt wurde.[41] An diesen Anfang knüpft die weitere Entwickelung der polizeilichen Vorschriften für die Studirenden an.

Wer an dem Unterricht Theil nehmen wollte, hatte an den Professor im Voraus ein gewisses Honorar (honor, salarium) zu zahlen. Jedoch galt es nicht für anständig, dasselbe auf gerichtlichem Wege beizutreiben, weshalb eine Klage auf Zahlung geradezu versagt wurde.[42]

II. Die Professoren.

Sind uns nun Juristen bekannt, die als Rechtslehrer aufgetreten sind? Allerdings; wenigstens wird uns von verschiedenen Juristen überliefert, dass sie publice respondirt haben. Dahin gehören An-

[36] Henzen 7235.

[37] L. 6. §. 12. D. de excus. (27, 1) von Modestin.

[38] Puchta I, S. 488.

[39] Cicero ad famil. 9, 6, 5. Kuhn Verfassung des röm. Reichs I, S. 83.

[40] Fragm. Vat. §. 204. Proinde qui studiorum causa Romae sunt, praecipue civilium, debent *excusari*, *quia tantum tempor*is causa Romae agunt, studii cura distracti. Et ita *cum divo Severo patre* suo imperator Antoninus Aug. Cereali a censibus et aliis *rescripsit*. Die Ergänzungen sind von Huschke. Wegen des a censibus s. Walter Röm. Rechtsgesch. (3. Aufl.) §. 364.

[41] Spartian. Carac. 8. Papinianum amicissimum fuisse imperatori Severo ... memoriae traditur. ... eumque cum Severo professum sub Scaevola... Vgl. L. 1. C. qui aetate se excus. (10, 49) von Diocletian und Maximian. — circa iuris professionem und überhaupt unten den letzten Abschnitt.

[42] L. 1. §. 5. D. de extraord. cogn. (50, 13). Vgl. oben S. 5 f.

tistius Labeo, Massurius Sabinus, der jüngere Nerva und Iavolenus Priscus. Die betreffenden Zeugnisse lauten:

Gellius N. A. 13, 10, 1. — Labeo Antistius iuris quidem disciplinam principali studio exercuit et consulentibus de iure publice responsitavit.

L. 2. §. 47. D. de orig. iur. (1, 2) von Pomponius. — Massurius Sabinus in equestri ordine fuit et publice primum respondit[43].

L. 1. §. 3. D. de postul. (3, 1) von Ulpian. — qua aetate (nämlich mit 18 Jahren) aut paulo maiore fertur Nerva filius et publice de iure responsitasse.

Plinius ep. 6, 15, 3. — est omnino Priscus dubiae sanitatis, interest tamen officiis, adhibetur consiliis adque etiam ius civile publice[44] respondet.

Dieses de iure oder ius publice respondere — beide Constructionen werden auch sonst neben einander gebraucht[45] — von einer andern Thätigkeit zu verstehen, als von der in den stationes (in plerisque Romae stationibus ius publice docentium aut respondentium), wäre Willkür. Die Meinung, es handle sich um Responsa, „mit denen die Anträge der Parteien vor Gericht unterstützt worden seien"[46], so dass also publice respondere heissen würde: sein Responsum mündlich vor Gericht abgeben, diese Meinung ist sprachlich und sachlich unhaltbar. Vor Gericht heisst bekanntlich in foro oder in iure oder in iudicio. Allerdings waren die Gerichtssitzungen öffentlich, und insofern kann man ein vor Gericht abgegebenes Responsum auch als ein öffentlich abgegebenes bezeichnen; aber warum einen so unbestimmten Ausdruck wählen, wo ein ganz bestimmter zur Hand ist? Dazu kommt noch Folgendes. In jenen Stellen soll offenbar von den namhaft gemachten Juristen eine bemerkenswerthe und zwar eine für sie günstige Thatsache hervorgehoben werden. Nun wäre es allerdings sehr bemerkenswerth, dass jene Juristen zu einer Zeit, wo der

[43] Respondit ist in der Flor. eine Verbesserung der zweiten Hand; die ursprüngliche Lesart lautete scripsit, eine Lesart, die früher allgemein angenommen wurde (s. z. B. Hugo S. 814 f., Zimmern S. 203) und auch jetzt noch z. B. von Puchta Instit. I. S. 569 Anm. c und Rudorff I. S. 152 Anm. 14 beibehalten wird. Aber, was auch Pomponius geschrieben haben mag, jedenfalls bezieht sich primum nur auf die neue Form, in welcher die patentisirten Juristen ihre responsa abgaben.

[44] Es mag bemerkt werden, dass dieses Wort in dem Abdruck der Stelle bei Puchta I. S. 454 fehlt und auch von Rudorff nicht ergänzt ist.

[45] Forcellini s. v. respondere.

[46] Puchta I. S. 572 Anm. 1.

Richter nur schriftliche und versiegelte Responsa zu berücksichtigen brauchte, ihre Responsa mündlich vor Gericht abgegeben hätten; aber verständlich wäre das nicht. Auf jene Erklärung des publice respondere könnte man vielleicht dann verfallen, wenn es nöthig wäre, die Bedeutung dieses Ausdruckes erst zu ergründen; aber in einem solchen Falle sind wir nicht. Was publice respondere heisst, ist durch die von Gellius erwähnten stationes ius publice docentium aut respondentium zweifellos festgestellt.

Puchta, der jene Erklärung vorbringt, will sie denn auch selbst gar nicht, wie es scheint, auf alle jene Stellen, sondern nur auf die den Nerva filius betreffende anwenden; für diese Stelle soll sie sich nämlich aus dem „Zusammenhange" ergeben. Im Zusammenhange aber lautet L. 1. §. 3. cit. so: Initium autem fecit praetor ab his qui in totum prohibentur postulare; in quo edicto aut pueritiam aut casum excusavit. Pueritiam, dum minorem annis decem et septem, qui eos non in totum complevit, prohibet postulare, quia moderatam hanc aetatem ratus est ad procedendum in publicum; qua aetate u. s. w. Die Vermittlung zwischen dem publice de iure responsitare des Nerva, was Ulpian hier gelegentlich anmerkt, und dem postulare, wovon er eigentlich redet, ist nicht das Erscheinen vor Gericht, sondern allgemein das procedere in publicum; ein solches liegt aber auch in dem Auftreten als öffentlicher Respondent. Sonach ist die Puchtasche Erklärung auch nicht einmal für diese Stelle haltbar.

Dass dies publice respondere mit dem sog. ius respondendi nichts zu thun habe, ist bereits früher auseinandergesetzt worden. Puchta u. A. heben denn auch bezüglich des Nerva hervor, es sei nicht wahrscheinlich, dass er schon so jung das ius respondendi erhalten habe. Vielleicht ist die Erinnerung angebracht, dass es auch in unserer Zeit nicht an auffallend jungen öffentlichen Lehrern gefehlt hat. Was aber Rom anbetrifft, so kommt noch hinzu, dass bekanntlich gegen Ende der Republik bartlose Jünglinge ihre staatsmännische Laufbahn mit der Erhebung von öffentlichen Anklagen zu beginnen pflegten, und dass öffentliche Declamationen und Disputationen in den Schulen der Rhetoren ganz allgemein waren. Schaaren von Jünglingen strömten zu den öffentlichen Auditorien, wo sie die spitzfindigsten Aufgaben um die Wette durchsprachen[47].

Zu den Juristen, die uns ausdrücklich als öffentliche Respondenten bezeichnet werden, kommen aber noch andere hinzu, bei denen sich dieselbe Eigenschaft sonst ergiebt.

[47] Bernhardy a. a. O. S. 262 u. S. 79 f.

Auch in den stationes ius publice respondentium fanden, wie wir gesehen haben, förmliche disputationes statt, und zwar über die verschiedenartigsten Rechtsfragen. So musste sich allmählich unter den Händen des Respondenten eine Menge juristischen Materials anhäufen, das zweckmässig verarbeitet, von wissenschaftlicher und praktischer Bedeutung sein konnte. In der That finden wir denn auch in der römischen Rechtsliteratur mehrere Werke unter dem Titel: publicarum disputationum oder kurzweg disputationum, oder auch quaestionum publice tractatarum libri. Dergleichen Werke kennen wir von Q. Cervidius Scaevola, von Claudius Tryphoninus, von Ulpian und von Venuleius Saturninus.

Eine Reihe von Pandektenstellen[48] ist überschrieben: Scaevola libro singulari quaestionum publice tractatarum. Uebereinstimmend nennt der Index Florentinus Κερβιδίου Σκαιβόλου quaestionum publice tractatarum βι. 1.

Desgleichen finden sich viele Fragmente aus einem libri disputationum betitelten Werke des Tryphoninus[49], das denn auch im Ind. Flor. aufgeführt ist: Tryphoninu disputationum βι. 21.

Auch von Ulpian kommt ein gleichnamiges Werk sowohl in den Pandekten[50] als im Ind. Flor. vor. Ausserdem aber heisst es in einer Constitution der Kaiser Diocletian und Maximian vom J. 290: ... hoc observari vir prudentissimus Domitius Ulpianus in publicarum disputationum libris ad perennem scientiae memoriae refert. Unzweifelhaft giebt erst dieses Citat den vollständigen Titel des Buches an.

Endlich ist L. 18. D. iudic. solvi (46, 7) überschrieben: Idem (sc. Venuleius) libro VII. disputationum. Da sich eine weitere Stelle aus diesem Werk nicht findet, auch der Ind. Flor. es nicht aufführt, so wollen Manche entweder Venuleius in Ulpianus, oder disputationum in stipulationum verändern[51]. Die letztere Aenderung nennt Rudorff[52] eine unbedenkliche Verbesserung; aber so lange dafür keine besseren Gründe angeführt werden können, ist es sehr fraglich, ob darin nicht eine bedenkliche Corruption zu erblicken ist.

[48] L. 65. sol. matr. (24, 3). L. 48. de vulg. et pup. subst. (28, 6). L. 103. de leg. 3. L. 96. ad leg. Falc. (35, 2). L. 79. ad Sc. Treb. (36, 1). L. 24. quae in fraud. (42, 8). L. 14. de div. temp. (44, 3). L. 93. de solut. (46, 3). L. 21. iud. solvi (46, 7).

[49] Hommel Paling. II. p. 509—527.

[50] Hommel III. p. 14—39.

[51] Zimmern I. S. 380 Anm. 9.

[52] I. S. 197 Anm. 12.

Der Ind. Flor. ist bekanntlich nichts weniger als vollständig, und dass das Werk des Venuleius nur einmal citirt wird, ist ebenfalls kein genügender Grund, seine Existenz abzuleugnen[53].

Was aber von den Disputationen des Ulpian, ist auch von denen des Tryphoninus und Venuleius zu behaupten: der vollständige Titel wird libri publicarum disputationum sein.

Ueber den Sinn von publica disputatio oder von quaestio publice tractata sprechen sich unsere Rechtshistoriker entweder gar nicht aus, oder sie erklären diesen Titel in der willkürlichsten und haltlosesten Weise. So meinte man z. B., Scaevola habe seine quaestiones deshalb publice tractatae genannt, weil darüber im Auditorium des Kaisers Marcus verhandelt worden sei, oder weil das Buch Urtheile enthalte, die ein Magistrat unter Scaevolas Beisitz gefällt habe[54]. Auch Zimmern[55] meint, publice heisse „wohl gerichtlich".

Nach dem Frühern kann die Bedeutung jener Ausdrücke keinem Zweifel mehr unterliegen: publicae disputationes sind die Erörterungen in den stationes ius publice respondentium[56], quaestiones publice tractatae die hier erörterten Rechtsfragen[57].

Glücklicher Weise ist von einigen dieser Werke noch genug erhalten, um darnach ihren Charakter und ihre historische Veranlassung bestimmen zu können. Beginnen wir mit den libri disputationum des Tryphoninus.

Die Erörterungen, aus denen die Schrift entstanden ist, fanden, wie der Verfasser selbst gelegentlich bemerkt, in einem auditorium statt.

[53] Vgl. was Zimmern I. S. 309 Anm. 11 in einem ganz analogen Falle selbst bemerkt.

[54] S. die Nachweisungen bei Conradi de vita ac scriptis Q. Cervidii Scaevolae p. 72.

[55] I. S. 361.

[56] An einer anderen Stelle (I. S. 212) bemerkt Zimmern: bei dem Titel disputationes an wirklich in foro oder von den beiden Secten verhandelte Rechtsfragen zu denken, sei kein Grund da, was allerdings richtig ist; aber er vergisst ganz, zu sagen, was denn der Zusatz publicae, den er S. 372 Anm. 17 selbst erwähnt, für eine Bedeutung haben soll. Ganz willkürlich ist es endlich, wenn Zimmern unter disputationes blos fingirte und nicht wirklich stattgehabte Erörterungen verstehen will.

[57] Wegen des Ausdrucks tractare erinnere ich an die Worte des Scholiasten: iuris periti sedebant et tractabant (oben S. 14). In demselben Sinne wird agitare oder agere gebraucht. So sagt Gellius (oben S. 9): ex otiosa quaestione agitabatur. Dial. de orat. 35. quidquid in schola cotidie agitur; in foro vel raro vel nunquam.

L. 78. §. 4. D. de iure dot. (23, 3) aus lib. XI. disputationum. — Si fundus communis in dotem datus erit et socius egerit cum marito communi dividundo adiudicatusque fundus socio fuerit, in dote erit quantitas, qua socius marito damnatus fuerit, aut si omissa licitatione extraneo addictus is fundus fuerit, pretii portio, quae distracta est, sed ita ut non vice corporis habeatur nec divortio secuto praesenti die, quod in numero est, restituatur, sed statuto tempore solvi debeat. Quodsi marito fundus fuerit adiudicatus, pars utique data in dotem dotalis manebit; divortio autem facto sequetur restitutionem, propter quam ad maritum pervenit, etiam altera portio, scilicet ut recipiat tantum pretii nomine a muliere, quantum dedit ex condemnatione socio; nec audiri debebit alteruter eam aequitatem recusans, aut mulier in suscipienda parte altera quoque, aut vir in restituenda. Sed an constante matrimonio non sola pars dotalis sit, quae data fuit in dotem, sed etiam altera portio videamus. Iulianus de parte tantum dotali loquitur, et ego dixi in auditorio, illam solam dotalem esse.

Die Neueren wollen freilich auditorium von einem Gericht verstehen und wissen nur nicht, ob das Auditorium des Praefectus Praetorio Papinian oder das des Kaisers gemeint sei. Aber die ganze Voraussetzung ist irrig. Das hier erwähnte auditorium ist ein publicum auditorium, wie das, wovon Marcian in L. 1. §. 4 D. ne de statu def. (40, 15) spricht: ego quoque in auditorio publico idem secutus sum. Die Bedeutung des publicum auditorium aber wird durch die in ihm gehaltenen publicae disputationes bestimmt: es ist die statio eines ius publice docens oder respondens.

An zahlreichen Stellen seiner libri (publicarum) disputationum redet Tryphonin von bestimmten Fragen, die ihm (natürlich in seinem auditorium) vorgelegt worden seien (quaesitum est, in proposita quaestione, in specie quae proponitur u. s. w.). Auf diese Anfragen liess er sich in mündlicher Erwiderung ein (dixi), aber nicht, um sie mit einer einsilbigen Antwort abzufertigen, sondern um sie in eingehender Debatte zu erledigen. Man verglich den in Rede stehenden Fall mit andern verwandten und hob die Aehnlichkeiten und Verschiedenheiten hervor. Ganz unbedenklich, so fand man, würde die Entscheidung in diesem oder jenem Sinne zu lauten haben, wenn nur der Fall so oder anders läge. Wurden über denselben Punkt verschiedene Ansichten (sententiae contrariae) laut, so berief man sich für seine Auffassung auf die Meinung anderer Juristen oder speciell auf bestimmte Responsa.[58] Die Gründe, welche für die eine oder andere Auffassung geltend gemacht werden konnten, wurden gegen einander abgewogen, und so kam man zu einer definitiven Entscheidung.

L. 19. §. 3. u. §. 5. D. de castr. pecul. (49, 17) aus libr. XVIII. disputationum. — Pater peculii castrensis filii servum testamento liberum esse iussit; intestato defuncto filiofamilias, mox patre, quaeritur, an libertas servo competat; occurrebat enim, non posse dominium apud duos pro solido esse; denique filium posse manumittere talis peculii servum, Hadrianus constituit. Et si testamento tam filii quam patris idem servus accepisset libertatem et utrique pariter decessissent, non dubitaretur, ex testamento filii liberum eum esse. Sed in superiore casu pro libertate a patre data illa dici possunt, numquid quoad utatur iure concesso filius in castrensi peculio, eousque ius patris cessaverit; quodsi intestatus decesserit filius, postliminii cuiusdam similitudine pater antiquo iure habeat peculium, retroque videatur habuisse rerum dominia. — Quid autem, si testamentum fecerit filius et non sit eius adita hereditas? Non tam facile est dicere, continuatum patri post mortem filii rerum peculii dominium, cum medium tempus, quo deliberant instituti heredes, imaginem successioni praestiterit; alioquin etsi adita sit ab instituto hereditas filii, dicetur, a patre ad eum transiisse proprietatem. Quod absurdum est, si in pendenti, ut in aliis, et in hac specie habeamus dominia, ut ex facto retro fuisse aut non fuisse patris credamus. Secundum quod difficile erit expedire, si dum deliberant heredes, dies cesserit legati servo dati istius peculii, testamento eius, ex quo pater nihil capere potuisset, an id ad ipsum pertineat, cum utique ad heredem filii pertineret. Facilior tamen de libertate servi deliberatio est in specie, in qua intestatus filius decessisse proponitur; non est ergo ratio respondendi, competere libertatem eo tempore datam, quo non fuit in dominio patris; favorabilem tamen sententiam contrariam in utroque casu non negamus.

L. 9. pr. D. de reb. dub. (34, 5) aus libr. XXI. disput. — Qui duos impuberes filios habebat, ei qui supremus morietur, Titium substituit; duo impuberes simul in nave perierunt; quaesitum est, an substituto et cuius hereditas deferatur. Dixi: si ordine vita decessissent, priori mortuo frater ab intestato heres erit, posteriori substitutus; in ea tamen hereditate etiam ante defuncti filii habebit here-

[58] Vgl. z. B. L. 12. §. 1. D. de distr. pign. (20, 5). L. 30. D. de pact. dotal. (23, 4).

ditatem. In proposita autem quaestione, ubi simul perierunt, quia cum neutri frater superstes fuit, quasi utrique ultimi decessisse sibi videantur, an vero neutri, quia comparatio posterioris decedentis ex facto prioris mortui sumitur? Sed superior sententia magis admittenda est, et utrique heres sit; nam et qui unicum filium habet, si supremum morienti substituit, non videtur inutiliter substituisse, et proximus agnatus intelligitur etiam, qui solus est, quique neminem antecedit, et hic utrique, quia neutri eorum alter superstes fuit, ultimi primique obierunt.

L. 12. §. 1. D. de distr. pign. (20, 5) aus lib. VIII. disput. — Si aliena res pignori data fuerit et creditor eam vendiderit, videamus, an pretium quod percepit creditor, liberet debitorem personali actione pecuniae creditae. Quod vere responderetur, si ea lege vendidit, ne evictionis nomine obligaretur u. s. w.

Bei der Debatte stellten sich gelegentlich auch wohl andere, nicht gerade zur Sache gehörige Fragen heraus; auch diese wurden mit besprochen und entschieden.

L. 24. D. de leg. praest. (37, 5) aus lib. XVI. disput. — Intervenit illa quaestio, quando numero liberorum esse debeat is, cui legatum datum est, ut id ferre possit a filio contra tabulas possessionem accipiente; et placet, sufficere in ea necessitudine tunc esse, quando dies legati cedit.

Den Stoff zur Disputation gaben nicht nur Fragen aus dem Civilrecht, sondern auch aus dem Strafrecht.

L. 39. D. de poenis (48, 19) aus lib. X. disput. — Cicero in oratione pro Cluentio Avito scripsit, Milesiam quandam mulierem, cum esset in Asia, quod ab heredibus secundis accepta pecunia partum sibi medicamentis ipsa abegisset, rei capitalis esse damnatam. Sed et si qua visceribus suis post divortium, quod praegnans fuit, vim intulerit, ne iam inimico marito filium procrearet, ut temporali exilio coerceatur, ab optimis imperatoribus nostris rescriptum est. —

Auch die libri publicarum disputationum des Ulpian verrathen überall ihren Ursprung,[59] obgleich der Stoff formell sehr durchgearbeitet ist. Die disputationes fanden statt auf Grund von bestimmten Fragen, die in dem auditorium gestellt wurden. An zahllosen Stellen heisst es nämlich: proponebatur oder ex facto proponebatur oder quidam consulebat u. dgl., und dann im Anschluss daran: quaerebatur

[59] Schulting Iurisprud. (Lips. 1737) p. 549 Anm. a meint: Tractavit ergo in his libris Ulpianus quaestiones arduas et publice ventilatas, wobei also der Sinn des publice gänzlich unbestimmt bleibt.

oder quaerebatur quid iuris esset, und endlich: dicebam oder dicebamus oder referebam oder in proposito dicebam oder in proposito referebam u. dgl. Dabei wird zwar nicht auf von Andern gemachte Einwürfe, wohl aber auf die der Entscheidung vorangegangene mündliche Entwickelung verwiesen.

Ein Beispiel möge genügen.

L. 9. D. de castrensi pecul. (49, 17) aus lib. IV. disput. — Proponebatur filiusfamilias miles testamento facto extraneum heredem scripsisse, patre deinde superstite decessisse; pater deliberante herede instituto et ipse diem functus, deinde heres institutus repudiasse hereditatem; quaerebatur, ad quem castrense peculium pertineret. Dicebam, castrense peculium filiifamilias, si quidem testatus decessit, quasi hereditatem deferri heredi scripto sive extraneum scripsit heredem sive patrem. Sed cum nihil de peculio decernit filius, non nunc obvenisse patri, sed non esse ab eo profectum creditur. Denique si servo filii castrensi libertatem pater adscripserit, moxque filius vivo patre defunctus sit, non impeditur libertas, cum si filius patri supervixerit, impediatur libertas. Unde Marcellus putat, necessarium quoque heredem filii peculiarem patri existere posse, si filio pater supervixerit. Idem referebam, et si rem peculiarem filii pater legaverit; nam eodem casu, quo libertatem competere diximus, legatum quoque vel debebitur vel impedietur. Quibus ita praemissis et in proposito dicebam, cum heres non adiit hereditatem, retro peculium patris bonis accessisse; unde posse dici, etiam aucta patris bona per hanc repudiationem; nec est (? esse) novum, ut eo postfacto aliquis successorem habuisse videatur. Nam et si u. s. w.

Die Gründe werden einander gegenüber gestellt.

L. 5. pr. D. de cond. causa (12, 4) aus lib. II. disput. — Si pecuniam ideo acceperis, ut Capuam eas, deinde parato tibi ad proficiscendum conditio temporis vel valetudinis impedimento fuerit, quo minus proficiscereris, an condici possit, videndum. Et cum per te non steterit, potest dici, repetitionem cessare; sed cum liceat poenitere ei qui dedit, procul dubio repetetur id quod datum est, nisi forte u. s. w.

Oefters wird bemerkt, dass die Entscheidung anders ausfallen müsste, wenn dieser oder jener Umstand sich anders verhielte,[60] oder umgekehrt, dass die Entscheidung gerade so lauten würde, auch wenn dieser oder jener Punkt anders wäre;[61] ferner wird wohl auf den Unter-

[60] L. 10. D. de sponsal. (23, 1). L. 3. D. quod cum eo (14, 5). L. 43. §. 1. D. de iur. dot. (23, 3). L. 13. §. 3. D. de manum. test. (40, 4) u. s. w.

[61] L. 21. D. sol. matr. (24, 3).

schied des strengen Rechts und der aequitas aufmerksam gemacht (licet hoc iure contingat, tamen aequitas dictat) u. s. w.[62] —

In den Fragmenten aus des Scaevola liber singularis quaestionum publice tractatarum findet sich mehrmals eine Anleitung zur Analyse des Falles und zur richtigen und scharfen Fragestellung, ein Umstand, der meines Erachtens wieder auf die Entstehung der Schrift hinweist.[63] Ich führe zwei Beispiele an.

L. 48. §. 1. D. de vulg. et pup. subst. (28, 6).[64] — 'Titius heres esto. Stichum Maevio do lego. Stichus heres esto. Si Stichus heres non erit, Stichus liber heresque esto.' In hac quaestione inprimis quaerendum est, utrum unus gradus sit an duo, et an causa mutata sit substitutionis, an eadem permaneat. Et quidem in plerisque quaeritur, an ipse sibi substitui possit; et respondetur, causa institutionis mutata substitui posse. Igitur si Titius heres scriptus sit et si heres non sit, idem heres iussus sit, substitutio nullius momenti erit. Sed si sub conditione quis heres scriptus sit, pure autem substitutus est, causa immutatur, quoniam potest ex institutione defici conditio, et substitutio aliquid adferre; sed si extiterit condicio, duae purae sunt, et ideo nullius momenti erit substitutio. Contra si pure quis insti-

[62] L. 32. D. de pecul. (15, 1).

[63] Nicht ohne Interesse ist, was Conradi l. c. p. 73 über diese Schrift sagt: Elegit noster themata controversa eaque publice, in foro, ubi essent stationes iuris consultorum, ad disceptandum proposuit. De huiusmodi publica disputatione sermo est L. 11. C. quaestionibus. Liberum fuit cuique, qui iuris peritiam profiteretur, de re proposita sententiam suam dicere. Ponderata vero ratione quam quisque proferret, id quod principiis iuris maxime convenire visum, communi peritorum consensu recipi consuevit, cuius rei Scaevola nobis servavit exemplum memoratu dignissimum L. 14. D. divers. temp. praescr.; nam haec lex desumpta est ex illo libro singulari quaestionum. Refert quidem eo loco disputationem de iure accessionum, quod Scaevolae tempore oportet incertum fuisse, cum de eo disputatio ex aequo et bono institueretur, publice quidem et convocatis, ut opinor, iuris peritis. Docentis etiam partes eum aliquando istis quaestionibus expediendis in se suscepisse, nisi id via ac ratio, qua quaestionem L. ult. §. 1. D. vulg. et pup. subst. solvit, satis proderet, vel ideo nobis persuademus, quod summa ipsius fuit auctoritas inter aequales.

Mit Recht nennt Puchta S. 577 den auch sonst geäusserten Gedanken, dass die patentisirten Juristen ähnlich wie die Mitglieder eines akademischen Spruchcollegs eine Art Behörde gebildet und die bei ihr zur Deliberation gestellten Fragen nach Stimmenmehrheit oder nach einem andern modus entschieden hätten (Zimmern S. 500 f.), abenteuerlich und durch nichts begründet; nichts desto weniger enthält die Ansicht Conradis einen richtigen Kern.

[64] Vgl. die vorige Anm.

tuatur, deinde sub conditione sibi substituatur, nihil facit substitutio conditionalis; nec mutata intelligatur, quippe cum, etsi extiterit condicio, duae purae sunt institutiones. Secundum haec proposita quaestio manifestetur u. s. w.

L. 24. D. quae in fraud. (42, 8). — Pupillus patri heres extitit et uni creditorum solvit; mox abstinuit hereditate paterna; bona patris veneunt; an id quod accepit creditor, revocandum sit, ne melioris conditionis sit quam ceteri creditores, an distinguimus, per gratificationem acceperit an non? ut si per gratificationem tutorum, revocetur ad eandem portionem, quam ceteri creditores fuerint laturi, sin vero iuste exegerit, ceteri creditores neglexerint exactionem, interea res deterior facta sit vel mortalitate vel subductis rebus mobilibus vel rebus soli ad irritum perductis. Id quod acceperit creditor, revocari nullo pacto potest, quoniam alii creditores suae negligentiae expensum ferre debeant. Quid ergo, si cum in eo essent, ut bona debitoris mei venirent, solverit mihi pecuniam an actione revocari ea possit a me? an distinguendum est, is obtulerit mihi an ego illi extorserim invito? et si extorserim invito, revocetur, si non extorserim, non revocetur? Sed vigilavi, meliorem meam conditionem feci, ius civile vigilantibus scriptum est, ideo quoque non revocatur id quod percepi.

Diese ausführliche Erörterung der quaestiones ist um so charakteristischer, als sonst die Responsa des Scaevola so lakonisch wie möglich sind und wohl gar nur aus einem einzigen Wort bestehen.[65] Seneca[66] sagt ausdrücklich: iuris consultorum valent responsa, etiamsi ratio non redditur. Giebt Scaevola in den Gutachten, die er in seinen libri responsorum mittheilt, überhaupt Motive an, so geschieht es in aller Kürze.[67]

Als Zeugniss für die von Scävola abgehaltenen öffentlichen Disputationen kann man auch noch L. 19. D. de lib. et post. (28, 2) anführen. In dieser Stelle erzählt nämlich Paulus Folgendes:

Cum quidam filiam ex asse heredem scripsisset, filioque quem in potestate habebat, decem legasset, adiecit: 'et in cetera parte exheres mihi erit', et quaereretur, an recte exheredatus videretur, Scaevola respondit: non videtur, et in disputando adiiciebat, ideo non valere, quoniam nec fundi exheres esse iussus recte exheredaretur aliamque causam esse institutionis, quae benigne acciperetur, exheredationes autem non essent adiuvandae.

[65] Vgl. z. B. L. 60. D. mandati (17, 1) aus lib. I. resp.
[66] Epist. 94.
[67] Vgl. z. B. L. 93. pr. D. de legat. 3. aus lib. III. resp.

Der in Rede stehende Fall war also Scaevola vorgelegt worden und hatte zu einer disputatio geführt. Bei derselben war namentlich Paulus zugegen; denn seine Erzählung ist offenbar der Bericht eines Ohrenzeugen.[68]

Aber so richtig dies auch ist, so bleibt es doch zweifelhaft, ob in unserm Falle gerade eine öffentliche Disputation, ja ob überhaupt eine Disputation im heutigen Sinne des Wortes stattfand. Disputare bedeutet nämlich auch wohl eine einseitige Erörterung.[69] In diesem Sinne sagt, wie es scheint, auch Cicero:[70] vestras in respondendo disputationes. Eine solche einseitige Erörterung, bei der er zufällig zugegen war, könnte also Paulus vielleicht meinen; aber wahrscheinlich ist das nicht.

Die einzige aus des Venuleius libri (publicarum) disputationum erhaltene Stelle ist so kurz, dass sich aus ihr über den Charakter des Werkes nichts entnehmen lässt; dieselbe lautet nämlich: L. 18. D. iud. solvi (46, 7) aus lib. VII. disputationum. Vir bonus non arbitratur indefensam esse rem, de qua praetor iudiciumaccipere non cogat.

Als Resultat ergiebt sich sonach, dass auch Cervidius Scaevola, Claudius Tryphoninus, Ulpian und Venuleius Saturninus öffentliche Disputationen gehalten oder Rechtsfragen öffentlich verhandelt haben. Oeffentlich aber heisst in einem öffentlichen auditorium oder in einer der stationes, von denen Gellius spricht. Jene Juristen gehörten also, wenn nicht zu den iuris civilis professores, so doch zu den öffentlichen Respondenten.

Man darf vermuthen, dass auch noch andere einfach als libri quaestionum bezeichnete Werke — und solche werden Celsus, Africanus, Scaevola, Papinian, Paulus, Callistratus und Tertullian zugeschrieben — vielleicht publicae tractatae quaestiones enthielten. Dafür spricht der Umstand, dass ja auch die publicarum disputationum libri des Ulpian in den Pandekten einfach als disputationes bezeichnet werden. Anderseits darf man aber auch, wie es scheint, nicht behaupten, dass in allen quaestionum libri keine anderen als publice tractae quaestiones mitgetheilt seien. Wenigstens wird ausser dem liber singularis quaestionum publice tractatarum des Scaevola von demselben Schriftsteller, wie oben bemerkt, auch noch ein blos libri quaestionum genanntes Werk angeführt.[71] Freilich

[68] Vgl. Asher Zeitschr. f. Rechtsgesch. V. S. 94 f.
[69] Forcellini s. v.
[70] Topic. 14, 56.
[71] Hommel II. p. 457—465.

könnte man das Gewicht dieses Umstandes durch den Hinweis beseitigen wollen, dass ja auch z. B. Pomponius ausser seinem liber singularis enchiridii auch noch libri II enchiridii, [72] und Gaius und Ulpian jeder neben einem liber singularis regularum noch libri regularum geschrieben habe. [73]

Ferner könnte man noch anführen, dass während epistolae, responsa und quaestiones neben einander hergehen, doch kein Verfasser von disputationes auch quaestiones geschrieben habe, oder umgekehrt. So schrieben P. Juventius Celsus und Africanus sowohl epistolae als quaestiones, [74] ferner Labeo sowohl epistolae als responsa, [75] endlich Scaevola, Papinian und Paulus sowohl responsa als quaestiones. [76] Dagegen hat Ulpian, der Verfasser von disputationes, zwar responsa, [77] aber keine quaestiones, und umgekehrt, Paulus, der Verfasser von quaestiones, zwar responsa, aber keine disputationes geschrieben. Da nun die schriftstellerische Thätigkeit beider Juristen sich sonst in auffallender Weise parallel geht, so könnte man geneigt sein, wenigstens des Paulus quaestiones für publice tractatae zu halten, eine Meinung, wozu der Inhalt des Werkes durchaus passen würde.

Die Antworten auf die Paulus vorgelegten quaestiones scheinen nämlich mündliche zu sein; wenigstens werden sie ausser mit respondi, mit dico, puto, putavi [78] eingeleitet. Die Erörterung selbst wird als agitare bezeichnet, z. B. findet sich der Ausdruck similis quaestio ei quae in duobus fundis agitata est. [79] Der Fall wird genau analysirt und methodisch ein Punkt nach dem andern erledigt; daher Ausdrücke wie sequens quaestio est, superest tertia deliberatio, superest quaeramus [80] u. s. w. Dabei wird hervorgehoben, wie dieser Fall

[72] Hommel II. p. 303—308.

[73] Die Fragmente des Gaius bei Hommel I. p. 123, die aus den regularum libri des Ulpian daselbst III. p. 455—457.

[74] Celsus bei Hommel I. p. 170 sq., Africanus daselbst p. 3—26.

[75] Vgl. Zimmern S. 309 f. — Für die Vermuthung, dass beide Werke identisch seien (Zimmern a. a. O. u. Rudorff I. S. 179), liegt gar kein Grund vor.

[76] Scaevola bei Hommel II. p. 457—465 u. 469—491, Papinian daselbst I. p. 521—570 u. 570—614, Paulus daselbst II. p. 145—175 u. 176—196.

[77] Hommel III. p. 457—459.

[78] Z. B. L. 28. D. de pact. dot. (23, 4). L. 9. D. de distr. pign. (20, 5). L. 10. D. de condict. (13, 4).

[79] L. 42. D. de act. empti (19, 1).

[80] L. 68. D. de legat. II. L. 14. §. 1. D. de lege Cornel. (48, 10). L. 45. §. 2. D. de act. empti (19, 1). L. 126. §. 2. D. de verb. obl. (45, 1) u. s. w.

sich von andern unterscheide;[81] Rescripte und Schriftsteller werden in Bezug genommen,[82] mögliche Einwendungen widerlegt oder Bedenken beseitigt: dubitatum est, oder sed potest dubitari, oder ceterum si quis putaverit, oder nec me movet, quod dicat aliquis[83] u. s. w. An einer andern Stelle,[84] wo es heisst: quaerebatur ... fuerunt igitur qui dicerent ... mihi nequaquam hoc iustum esse videbatur, könnte man besonders versucht sein, ein Stück der Debatte wiederzuerkennen.

Endlich könnte man unter diesen Umständen auch Wendungen wie: videamus an dici possit; an et hic exigimus[85] u. s. w. für charakteristisch ansehen.

Aber alles dies reicht nicht aus, um die Behauptung zu rechtfertigen, dass wir es hier mit einer Sammlung von Arbeiten aus einem juristischen Seminar zu thun haben. Die Worte: fuerunt igitur qui dicerent können leicht auf Schriftsteller gehen, eine Auffassung, die durch Stellen wie: Sabinus existimabat, Marcellus recte existimabat[86] sehr nahe gelegt wird. Ebenso wird agitare grade wie disputare auch von einer bloss einseitigen Erörterung gebraucht.

Zu den bereits nachgewiesenen öffentlichen Respondenten oder Docenten tritt jedenfalls noch Marcian und vielleicht auch Herennius Modestinus hinzu. Wenn nämlich Marcian in L. 1. §. 4. D. ne de statu (40, 15) sagt:

> ... Quid enim, si servus quis dicatur, quasi ex ancilla natus, quae ante quinquennium mortua est, quare non liceat probare, liberam fuisse (hoc enim et pro mortua est)? Et Marcellus libro V. de officio consulis scripsit, posse; ego quoque in auditorio publico idem secutus sum,

so ist er damit hinreichend deutlich als Rechtslehrer bezeichnet. Wenn dagegen Arcadius Charisius in L. 18. §. 26. D. de muner. (50, 4) bemerkt:

> Mixta munera decaprotiae et icosaprotiae, ut Herennius Modestinus et notando et disputando bene et optima ratione decrevit,

[81] L. 20. pr. D. de int. in iure (11, 1).

[82] L. 20. D. de stip. serv. (45, 3). L. 45. pr. D. de act. empti (19, 1). L. 5. D. de praescr. verb. (19, 5).

[83] L. 58. D. mand. (17, 1). L. 42. D. de act. empti (19, 1). L. 19. D. de inoff. test. (5, 2). L. 31. D. de excus. (27, 1).

[84] L. 16. D. qui pot. in pign. (20, 4).

[85] L. 17. D. quod met. c. (4, 2). L. 42. D. de act. empti (19, 1). L. 3. D. quae res pign. (20, 3). L. 132. pr. D. de verb. obl. (45, 1).

[86] L. 115. §. 2. D. de verb. obl. (45, 1). L. 21. D. de iure fisci (49, 14).

so lässt der Ausdruck disputare, wie oben bemerkt, für sich allein noch keinen sicheren Schluss zu. Decernere (disputando decrevit) wird nicht nur von den Entscheidungen des princeps[87] und der Magistrate, sondern auch von denen der Juristen[88] gebraucht.

Von unleugbarem Interesse wäre es nun, wenn der eine oder andere der besprochenen Juristen von einem Dritten als sein Lehrer bezeichnet würde oder wenn er selbst einen Dritten als seinen Schüler bezeichnete. Das ist nun aber in der That der Fall. So nennt Julian den Javolenus Priscus, den wir schon als öffentlichen Respondenten kennen gelernt haben, seinen praeceptor,

L. 5. D. de manum. vind. (40, 2) ... ego cum meminissem, Iavolenum praeceptorem meum et in Africa et in Syria servos suos manumisisse, cum consilium praeberet...

und umgekehrt Ulpian, den wir gleichfalls als öffentlichen Disputanten kennen gelernt haben, den Modestin seinen Schüler.

L. 52. §. 20. D. de furt. (47, 2) ... quod et Herennio Mode tino, studioso meo, de Dalmatia consulenti rescripsi.

Eben so wird Scaevola, der Verfasser der quaestiones publice tractatae, dadurch deutlich als Lehrer bezeichnet, dass berichtet wird, Papinian und der nachmalige Kaiser Severus hätten sich unter ihm dem Rechtsstudium gewidmet.

Spartian. Carac. 8. Papinianum amicissimum fuisse imperatori Severo ... memoriae traditur ... eumque cum Severo professum sub Scaevola.

Ohne Grund behauptet Puchta[89], wenn ein Jurist schlechthin als Schüler eines andern, dieser als praeceptor jenes bezeichnet werde, so hätten wir stets an den praktischen Unterricht zu denken, da dieser noch immer die Hauptsache gewesen sei. Im Gegentheile steht jetzt „der theoretische fachwissenschaftliche Rechtsunterricht" im Vordergrunde, und er ist ohne Zweifel gemeint, wenn wir in dieser Zeit von Lehrern und Schülern hören.

Dieser theoretische Unterricht ist aber, wie wir gesehen haben, ein öffentlicher, und so dürfen wir unter praeceptor oder magister einen öffentlichen Rechtslehrer, einen ius publice docens oder respondens verstehen.

[87] Gai. I, 5. L. 1. §. 1. D. de const. princ. (1, 4) aus Ulpians Institutionen. Daher auch der Titel von Paulus' decretorum oder imperialium sententiarum in cognitionibus prolatarum libri. Zimmern I. S. 375 f.

[88] Cicero pro Mur. 14. vestra responsa atque decreta.

[89] a. a. O. I. S. 485.

Das Verhältniss zweier Personen als Lehrer und Schüler geht aber unter Umständen auch noch aus anderen Bezeichnungen hervor. In der Kaiserzeit scheint nämlich die regelmässige Anrede des Schülers an den Erzieher oder Lehrer domine gewesen zu sein[90]. So fragt z. B. bei Petronius ein Knabe: rogo, domine, ubi est asturco, und nicht minder schreibt Marc Antonin an Fronto: have mi domine magister und zwar nicht blos als Cäsar, sondern auch noch nach der Thronbesteigung: vale mi domine magister.

Wenn wir sonach in L. 22. pr. D. ad leg. Falc. (35, 2) lesen: Nesennius Apollinaris Iulio Paulo. Ex facto, domine, species eius modi incidit u. s. w., so dürfen wir vielleicht annehmen, dass der Fragesteller ein Schüler des Paulus war. Bekanntlich sind ja viele Gutachten der Juristen, wie auch Puchta[91] hervorhebt, nicht unmittelbar an Parteien, sondern an ihre studiosi gerichtet. Jene Vermuthung findet an einem anderen Umstande eine wesentliche Stütze. In den libri XXIV quaestionum des Paulus, aus denen uns eine grosse Zahl von Fragmenten erhalten ist[92], sind die Fragesteller, die überhaupt namentlich angeführt werden, immer dieselben Personen, nämlich ausser Licinius Rufinus, der überhaupt nur einmal genannt wird[93], Latinus Largus[94] und Nesennius Apollinaris[95]. Den Umständen nach kann es nicht wohl zweifelhaft sein, dass diese Personen als Schüler des Paulus anzusehen sind. Nach der ganzen Form der wörtlich mitgetheilten Anfragen geben sie sich denn auch als Juristen zu erkennen. Licinius Rufinus ist uns schon sonst als Jurist bekannt; er ist Verfasser von libri XIII regularum, die in den Digesten benutzt sind[96].

Noch charakteristischer als die Anrede domine ist die als noster.

[90] Friedländer: Ueber den Gebrauch der Anrede domine im gemeinen Leben a. a. O. I. S. 301. ff.

[91] a. a. O. I. S. 485 Anm. g.

[92] Hommel II. p. 145—175.

[93] L. 4. D. quib. ad lib. (40, 13) aus lib. XII.

[94] L. 56. D. de aed. ed. (21, 1) aus lib. I. L. 83. D. de legat. I. aus lib. XI. L. 30. §. 1. D. de div. temp. praescr. (44, 3) aus lib. XIV. Vgl. L. 9. pr. D. qui sine manum. (40, 8), wo Latinus Largus als von dem Anfragenden verschiedene Partei auftritt: Latinus Largus vendidit ancillam ita, ut manumitteretur, non addito tempore; quaero u. s. w.

[95] L. 34. D. de negot. gest. (3, 5) aus lib. I. L. 32. D. de excus. (27, 1) aus lib. VII. L. 41. D. de re iud. (42, 1) aus lib. XIV. L. 22. D. ad leg. Falc. (35, 2) aus lib. XVII.

[96] Hommel II. p. 399 sq.

Wie der Sclave seinen Herrn[97], der Unterthan den Kaiser, so nennt auch der Schüler seinen Lehrer 'den unsrigen'[98].

Als noster und somit als Lehrer wird aber in unseren Rechtsquellen bezeichnet: Iulian, Vindius, Gaius und Scaevola, und zwar Iulian von Marcian und Terentius Clemens, Vindius von demselben Marcian, Gaius von Pomponius, und Scaevola von Paulus und Tryphoninus. Von diesen vier Juristen ist uns Scaevola schon wieder-

[97] Mommsen, Forschungen I. S. 23 Anm. 33.

[98] Asher: Gaius noster in Zeitschr. f. Rechtsgesch. V. S. 85 ff. — Uebrigens ist hervorzuheben, dass in diesem Sinne nur eine lebende Person als noster bezeichnet wird. Deshalb stellt, wie Fitting Alter der Schriften röm. Juristen S. 2 bemerkt, diese Bezeichnung einen Kaiser als noch regierend hin. Ganz besonders interessant ist die von Fitting a. a. O. S. 25 Anm. 47 hervorgehobene Art und Weise, wie Paulus den Scaevola citirt, nämlich „in manchen Schriften stets nur als Scaevola noster, in andern immer ohne diesen Beisatz." Mit Recht erklärt er diesen Umstand so, „dass Paulus den Scaevola blos, so lange dieser lebte, als noster bezeichnete, dass also die Schriften, worin es nicht geschieht, nach dessen Tode geschrieben sind. Dies wird dadurch so gut wie zweifellos, dass wirklich mehrere Schriften der ersten Klasse nachweisbar zu den früheren, die Responsa dagegen (worin Scaevola blos mit seinem Namen citirt wird) erweislich zu den letzten Werken des Paulus gehören." — Auf der andern Seite befindet sich aber Fitting in einem Irrthum, wenn er deshalb S. 2 meint, durch noster werde zunächst nur der Begriff der „Gleichzeitigkeit" angedeutet, und in Abrede stellen zu müssen glaubt, dass noster in erster Linie auf „ein engeres persönliches Verhältniss" hinweise. So behauptet er, in jenen auf Scaevola bezüglichen Stellen des Paulus könne doch „offenbar das noster nicht auf eine nähere persönliche Beziehung hinweisen wollen; denn warum," so fragt er, „sollte es sonst in den vielen Citaten der libri ad Vitellium nicht auch ein oder das andere Mal vorkommen?" Allein jener Schluss ist voreilig. Allerdings wird die Thatsache, dass eine persönliche Beziehung zwischen zwei Personen stattgefunden hat, durch den Tod der einen oder andern nicht aufgehoben; aber etwas ganz anderes ist, ob der Verstorbene nun noch als noster bezeichnet werden soll. Eben dieses letztere haben die Römer verneint. Dabei ist noch zweierlei hervorzuheben. Zunächst gilt das Gesagte „blos für die klassische Zeit; im Munde Justinians hat natürlich der Ausdruck Gaius noster eine ganz andere Bedeutung." Ausserdem aber verhält es sich anders, „wenn noster nicht in Verbindung mit dem blossen Namen eines Juristen auftritt", wenn es also z. B. heisst nostri praeceptores u. dgl.; „hier kann lediglich der Zusammenhang über den Sinn Aufschluss verschaffen". Fitting a. a. O. S. 2 f. u. Anm. 3 a. E.

Die Bemerkung Fittings endlich, dass, wenn ein Jurist einen andern als noster bezeichne, daraus nicht auf die Zugehörigkeit beider zu derselben Juristenschule, nämlich der Sabinianer oder der Proculianer, geschlossen werden könne, ist unleugbar insofern richtig, als man ja bei Lehrern beider Schulen neben oder nach einander gehört haben kann.

holt als Rechtslehrer begegnet. Unter der Bezeichnung Gaius noster ist aber, wie wohl nicht bezweifelt werden kann, nicht der bekannte Verfasser der Institutiones, sondern vielmehr C. Cassius Longinus zu verstehen.[99]

Nach Allem was wir sonst von der Art der römischen Juristen in Beziehung auf Schriftstellerei wissen, — und wir werden unten Gelegenheit haben, in dieser Beziehung manchen Punkt in ein helleres Licht zu stellen, — dürfen wir aber auch behaupten, dass sämmtliche Verfasser von Institutiones das instituere praktisch betrieben haben. Dass ein Professor etwa de officio irgend eines Beamten schreibt, können wir wenigstens von unserem modernen Standpunkte aus begreifen; aber dass ein Praktiker es sich einfallen lassen sollte, ein Lehrbuch für den ersten Rechtsunterricht zu verfassen, also direct in das Gebiet der Professoren überzugreifen, wäre doch allzu auffallend.

Institutiones betitelte Lehrbücher aber kennen wir nicht nur von Gaius, sondern auch von Ulpian, Paulus, Callistratus, Florentinus und Marcian[100]. Abgesehen von Gaius ist uns von diesen Personen schon Ulpian wegen seiner publicae disputationes und Marcian wegen seines publicum auditorium als Rechtslehrer entgegen getreten.

Stellen wir nun die Juristen, die sich uns theils mit Sicherheit, theils mit grosser Wahrscheinlichkeit als Rechtslehrer ergeben haben, zusammen, so sind es folgende: Antistius Labeo, Massurius Sabinus, Cassius, Nerva filius, Iavolenus Priscus, Iulian, Vindius, Gaius, Marcian, Q. Cervidius Scaevola, Claudius Tryphoninus, Ulpian, Paulus, Callistratus, Venuleius Saturninus, Florentinus und Marcian.

III. Professur und Assessur.

Puchta[101] bezeichnet den Gegensatz „von Theorie und Praxis, von Wissen und Darstellung des Rechts und Anwendung desselben auf die wirklichen Verhältnisse des Lebens, wie sie sich in ihren individuellen Gestaltungen als einzelne Fälle darbieten“, als einen ge-

[99] Das ist denn auch jetzt als die gemeine Meinung anzusehen. S. die litterarischen Nachweisungen in Böckings 5. Ausg. des Gaius p. VIII. n. 10.

[100] Ueber diese Werke vgl. meine Untersuchung De Domitii Ulpiani Institutionibus p. 7 sq.

[101] a. a. O. I. S. 433.

gebenen und unumgänglichen. Dabei hebt er [102] aber selbst mit Nachdruck hervor, dass dieser Gegensatz „in der Art, wie er die moderne Rechtswissenschaft bedrückt“, den Römern fremd gewesen sei. Aber er war es in noch höheren Grade als Puchta voraussetzt, und zwar vor Allem wegen der Stellung der Rechtslehrer zum Rechtsleben; die Professoren waren nämlich in der Regel zugleich Praktiker.

Wie manche Aerzte auch als Lehrer der Heilkunde auftraten und in grossen Hörsälen öffentliche Vorträge hielten, wie ferner viele Gerichtsredner zugleich als Professoren der Redekunst auftraten, eben so trugen praktische Juristen kein Bedenken, auch theoretischen Rechtsunterricht zu ertheilen. Nur ausnahmsweise kam es vor, dass Jemand sich ausschliesslich dem Rechtsunterrichte widmete. Ueberhaupt war die Thätigkeit als Rechtslehrer nur eine vorübergehende und nahm mit dem Aufsteigen zu höheren Aemtern von selbst ein Ende.

Anders stand es mit der schriftstellerischen Thätigkeit. War dieselbe auch vielfach durch die Bedürfnisse und Zwecke des Unterrichts bedingt, entstanden namentlich auf Veranlassung dieses Rechtsunterrichts eine Reihe von juristischen Schriften zum Schulgebrauch, so hatte man doch andererseits auch die Bedürfnisse der Praxis fortwährend im Auge. Diese für den Praktiker berechneten Schriften entstanden auch unmittelbar aus der Praxis heraus; ihre Verfasser waren zum Theil frühere Professoren, die als solche zur Schriftstellerei besonders befähigt, von ihrem jetzigen Standpunkte als höhere Staatsbeamte das Leben und seine Anforderungen an das Recht vollständig kannten.

Diese Sätze werden wir nun näher nachzuweisen versuchen.

Nach Puchta [103] soll sich die hohe Vollendung der römischen Jurisprudenz zum grossen Theil aus einer eigenthümlichen Einrichtung des römischen Gerichtswesens erklären: die Juristen seien nämlich nicht Richter, die Richter nicht Juristen gewesen. Wäre das richtig, so hätten wir es allerdings mit einer höchst eigenthümlichen Einrichtung zu thun, welche an die auch nicht unerhörte Behauptung erinnert, dass die Juristen die zur Rechtsprechung ungeeignetsten Personen seien. Aber jene angebliche Thatsache ist unrichtig [104]. Dass man ein förmliches Rechtsstudium betrieben habe, war allerdings kein Requisit für das Amt einer mit der Rechtspflege betrauten

[102] Daselbst S. 432 f.

[103] a. a. O.

[104] Dagegen schon Rudorff S. 150 Anm. 2.

Behörde[105], insbesondere nicht für die Prätur. Aber selbst für die Zeit der Republik galt doch ein geschulter Jurist stets als besonders qualificirt für die richterlichen Magistraturen. Beinahe sämmtliche Juristen vor August, die als Schriftsteller oder sonst wegen ihrer tüchtigen oder umfassenden Kenntniss des Rechts gerühmt werden, waren nachweislich Prätoren. So werden Appius Claudius Centemmanus Caecus, P. Sempronius mit dem Zunamen der Weise (σοφός), die Brüder P. und S. Aelius, von denen der letztere den Zunamen der Tüchtige (catus) führte, L. Cincius Alimentus, M. Porcius Cato, der die lex Cincia und Voconia unterstützte und gegen die Aufhebung der lex Oppia stimmte, P. Cornelius Scipio Nasica, dem, damit er leichter consultirt werden konnte, von Staatswegen ein Haus eingeräumt worden war, desgleichen sein als Jurist ebenfalls berühmter Sohn Publius, wegen seiner Einsicht Corculus zubenannt, T. Manlius Torquatus, C. Livius Mamilianus Drusus, Manius Manilius, P. Mucius Scaevola, Q. Mucius Scaevola, genannt Augur, P. Rutilius Rufus, Q. Mucius Scaevola, der Sohn des Publicius, gewöhnlich Pontifex Maximus zubenannt, Aquilius Gallus, Servius Sulpicius Rufus, Alfenus Varus u. A., — alle diese Personen, die als Juristen hoch angesehen waren, werden ausdrücklich als Prätoren oder als Consuln genannt[106]; dass im letzteren Falle die Prätur vorangegangen sei, unterliegt keinem Zweifel. Will man nun etwa behaupten, dass die genannten Personen dieses Amt erlangt haben, obgleich sie Juristen waren, oder liegt es nicht vielmehr auf der Hand, dass sie Prätoren wurden, weil sie vorzügliche Juristen waren?

In den ersten Jahrhunderten der Kaiserzeit blieb das Verhältniss im Wesentlichen das nämliche. Auch jetzt begegnen uns die bedeutenden Juristen regelmässig in hohen Aemtern[107]. Antistius Labeo wurde trotz seiner Unfügsamkeit unter Augustus Prätor. Eben so begegnen uns Capito, Cocceius Nerva, Caelius Sabinus, Pegasus, Publius Iuventius Celsus, Celsus filius, Neratius Priscus, Salvius Iulianus, Claudius Saturninus als Prätoren oder Consuln, Andere, wie z. B. Tarruntenus Paternius, Papinian, Ulpian und Paulus, und wahrscheinlich auch Proculus, gar als Praefecti Praetorio, wieder Andere als Statthalter, so z. B. Gaius Cassius Longinus in Syrien, Iavolenus Priscus in Afrika und Syrien, Minucius Natalis in einer nicht näher bekannten Provinz, Volusius Maecianus in Aegypten u. s. w.

[105] Puchta I. S. 307. Rudorff II. S. 48.
[106] Die Nachweisungen bei Zimmern I. §§. 72—81.
[107] Zum Folgenden vgl. Zimmern I. §§. 82—102.

In der Zeit der christlichen Kaiser wurde ein förmlicher akademischer Rechtscursus sogar positive Vorbedingung für die Uebernahme eines Staatsamtes.[108] Zu dieser Auffassung war bereits in der klassischen Zeit der Grund gelegt.

Hatte ein junger Jurist den üblichen Rechtscursus absolvirt, und gedachte er später eine höhere Magistratur zu bekleiden, so nahm er zunächst an den richterlichen Geschäften irgend eines Beamten in unselbständiger Weise Theil und zwar so, dass er als Gerichtsbeisitzer (assessor) fungirte.[109]

Schon während der Republik waren die Prätoren in Rom und die Statthalter in den Provinzen durch das Herkommen verpflichtet, nur unter Zuziehung von rechtskundigen Personen (concilium, consiliarii) eine gerichtliche Entscheidung zu treffen. In der Kaiserzeit dauerte diese Sitte nicht nur fort, sondern nahm mit der allmäligen Ausbildung der Bureaukratie eine immer festere Gestalt an.

Zu Anfang des dritten Jahrhunderts musste jeder Magistrat mit richterlicher Gewalt einen oder mehrere rechtskundige Beisitzer haben. So die Consuln und Prätoren, ferner die Provinzialstatthalter und die Praefecti Praetorio.

Ursprünglich war das Amt eines solchen Beisitzers (assessura, assessio) kein ständiges, sondern ein durchaus freies und wechselndes. Heute war man vielleicht Einzelgeschworner (iudex), um morgen als Beisitzer eines Magistrats zu fungiren.[110] „Selbst Kaiser, welche die Republik affectirten, nahmen als Beisitzer an den gerichtlichen Verhandlungen der Magistrate Theil."

Kam es nun auch noch während der Kaiserzeit vor, dass man einen Juristen zu einzelnen besonders schwierigen oder wichtigen Verhandlungen zuzog, ohne dass er im Uebrigen zu dem Magistrat in einem festen Verhältnisse gestanden hätte, so bildete doch das umgekehrte Verhältniss die Regel. Zur Zeit der klassischen Juristen ist die Assessur ein ständiges Amt. Der Beisitzer wird von dem Magistrat nach freier Uebereinkunft angenommen. Es gab in Rom sogar besondere Bureaus, welche dergleichen Verträge zwischen den Magistraten und den Stelle suchenden jungen Juristen vermittelten.[111]

[108] Vgl. unten den letzten Abschnitt.

[109] Das Folgende nach Bethmann-Hollweg Civilprocess II. S. 136 ff.

[110] Vgl. Plinius ep. 1, 20. frequenter egi, frequenter iudicavi, frequenter in consilio fui.

[111] L. 3. D. de proxenet. (50, 14) von Ulpian. — De proxenetico, quod et sordidum, solent praesides cognoscere... Facilius quod Graeci ἑρμηνευτικόν

War Jemand als Assessor angenommen, so erhielt er, wie die Subalternbeamten (apparitores), vom Staat eine gewisse Besoldung.[112]

Wenn wir uns nun auch unter den Assessoren meist junge Männer zu denken haben, die nach Absolvirung ihres Rechtscursus sich dem praktischen Leben zuwenden,[113] so ist doch ein Unterschied zu machen. Es bildete sich nämlich die Regel aus, nur demjenigen ein gewisses Amt zu übertragen, der die Geschäfte bei demselben schon als As-

appellant, peti apud est poterit, si quis forte conditionis vel amicitiae vel assessurae vel cuius alterius huiuscemodi proxeneta fuit; sunt enim huiusmodi hominum, ut in tam magna civitate, officinae.

[112] Puchta I. S. 606 Anm. 1 und Bethmann-Hollweg II. S. 138. III. S. 131 Anm. 22 meinen, der Assessor habe ein doppeltes Gehalt bezogen, einmal vom Staat und dann auch noch von dem Magistrat. Aber diese Auffassung ist unrichtig. Die Stellen, welche die Besoldung durch den Magistrat beweisen sollen, reden von ganz andern Verhältnissen, nämlich L. 4. D. de extraord. cogn. (50, 13) von den Gebühren der iuris studiosi für Bemühungen im Interesse eines Privatmannes, z. B. für Abfassung eines Testaments oder einer andern Urkunde (Sueton. Ner. 32. L. 9. §§. 4 sqq. D. de poenis 48, 19. Zimmern I. S. 252), L. 4. D. de offic. ass. (1, 22) u. L. 19. §. 10. D. loc. cond. (19, 2) aber, Stellen, von denen die zweite nur ein Citat der ersten ist, reden von den comites der kaiserlichen legati und können für unsere Frage nichts beweisen. Seit nämlich die Provinzialstatthalter an Stelle der früher von der Republik gelieferten Ausrüstung eine Besoldung erhielten, — und das geschah bekanntlich seit August (Bethmann-Hollweg II. S. 74 u. III. S. 37), — erschien es als das Einfachste und Zweckmässigste, ihnen auch die Besoldung ihrer Comites zu überlassen. Vergl. Bethmann-Hollweg II. S. 138 Anm. 15. Was endlich L. 1. C. de assess. (1, 51) von Diocletian und Maximian aus dem J. 291 anbetrifft (studiorum labor meretur, ut hi qui in publicis administrationibus constituti sociari sibi consiliorum participes cupiunt, spe praemiorum atque honorificentia sua provocent eos, quorum prudentiam sibi putant esse necessariam, non metu terribili et necessitate incongrua libertati), so weist diese Stelle die Behörden nur an, die Assessoren passend zu behandeln und ihnen die Aussicht auf Anstellung im Staatsdienst als Belohnung für ihre jetzige Thätigkeit vor Augen zu halten. Diese Constitution bildet den Anfang einer Reihe ähnlicher, auf die Ermunterung der iuris studiosi berechneten Erlasse, die mit der Ermahnung Justinians an die cupida legum iuventus in §. 7 ihren Abschluss findet. Vgl. Gothofred. ad L. 1. C. Th. cit. und unten den letzten Abschnitt. Von einer Honorarzahlung Seitens des Magistrates ist also auch hier keine Rede. Bezüglich der Besoldung standen vielmehr die Assessoren ganz den Subalternbeamten gleich, die zwar ebenfalls vom Magistrat gewählt, aber doch vom Staate besoldet wurden. Bethmann-Hollweg II. S. 141 ff.

[113] L. 1. D. de off. assess. (1, 22) von Paulus. Omne officium assessoris, quo iuris studiosi partibus suis funguntur u. s. w. L. 1. C. de assess. (1,51) in der vorigen Anm.

sessor kennen gelernt habe.[114] Man machte deshalb die Assessur bei verschiedenen Gerichten durch[115] und zwar stieg man von den niederen zu höheren Gerichten auf. So war Ulpian früher Beisitzer eines Prätors,[116] später des Praefectus Praetorio Papinian.[117] Den Beisitzer beim Gericht des Praefectus Praetorio, der in der Zeit der christlichen Kaiser den Rang eines comes primi ordinis hat,[118] darf man sich aber unmöglich als einen jungen Mann denken.

Die Functionen des Assessors bestanden nach Bethmann-Hollweg[119] 1) in der Theilnahme an den Gerichtssitzungen und in Abgabe eines Rechtsgutachtens, auf das der Magistrat seine Verfügung oder sein Urtheil gründet und für das der Assessor verantwortlich ist, und 2) in der Abfassung der jetzt immer häufiger werdenden schriftlichen Erlasse des Magistrats. Diese Darstellung bedarf einer näheren Ausführung. Eine der vorzüglichsten Obliegenheiten des Assessors wird gewesen sein, den Magistrat bei der Conception der formula zu unterstützen. Welche Fragen hier entstehen konnten und entschieden werden mussten, Fragen, deren Entscheidung eine genaue Kenntniss des materiellen und des Prozessrechts erforderten, hat Keller[120] in seiner anschaulichen Weise geschildert. Nicht selten waren die Assessoren über die Entscheidung selbst im Zweifel und fragten deshalb bei einem bewährten ältern Juristen, namentlich bei ihrem früheren Lehrer an.[121] Paulus, der Verfasser einer Schrift über die

[114] Lamprid. Alex. Sever. 146. Adsessoribus salaria instituit, quamvis saepe dixerit eos esse promovendos, qui per se rempublicam gerere possent, non per assessores . . . et ideo unum quemque hoc agere debere quod posset. — Spartian. Pesc. Nig. 7. Intimavit etiam, ut assessores, in quibus provinciis adsedissent, in his administrarent; quod etiam Severus et deinceps multi tenuerunt, ut probant Pauli et Ulpiani praefecturae, qui Papiniano in consilio fuerunt.

[115] Dafür darf auch wohl folgende Stelle angeführt werden. Augustin. Confess. 8, 6. Mecum erat Alipius otiosus ab opere iuris peritorum post adsessionem tertiam exspectans, quibus iterum consilia venderet. Vgl. Bethmann-Hollweg III. S. 131.

[116] L. 9. §. 3. D. quod met. c. (4, 2) von Ulpian. — ex facto scio... rescriptum esse ab imperatore nostro ... et praetorem me assidente interlocutum esse u. s. w.

[117] Lamprid. Alex. Sev. 25. Spartian. Pesc. Nig. 7 (in Anm. 114).

[118] Bethmann-Hollweg III. S. 131 Anm. 23.

[119] II. S. 138 f.

[120] Civilprocess (2. Aufl.) S. 205 ff.

[121] L. 43. D. de act. empti (19, 1) aus des Paulus lib. V. quaestionum. — Titius cum decederet, Seiae Stichum, Pamphilum, Arescusam per fideicommissum reliquit eiusque fidei commisit, ut omnes ad libertatem post an-

Obliegenheiten der Assessoren überhaupt,[122] eine Schrift, die offenbar zu Nutz und Frommen dieser Assessoren dienen sollte, verfasste auch eine Anweisung de conceptione formularum, aus der, was keiner Erklärung bedarf, nur eine einzige Stelle in die Pandekten aufgenommen worden ist.[123]

Im Uebrigen bestanden die Obliegenheiten des Assessors, um Paulus' eigene Worte zu gebrauchen,[124] in his fere causis: in cognitionibus,

num perduceret; cum legataria fideicommissum ad se pertinere noluisset nec tamen heredem a sua petitione liberasset, heres eadem mancipia Sempronio vendidit, nulla commemoratione fideicommissae libertatis facta; emptor cum pluribus annis mancipia suprascripta sibi servissent, Arescusam manumisit et cum ceteri quoque servi cognita voluntate defuncti fideicommissam libertatem petiissent et heredem ad praetorem perduxissent, iussu praetoris ab herede sunt manumissi. Arescusa quoque, nolle se emptorem patronum habere, responderat. Cum emptor pretium a venditore empti iudicio Arescusae quoque nomine repeteret, lectum est responsum Domitii Ulpiani, quo continebatur, Arescusam pertinere ad rescriptum sacrarum constitutionum, si nollet emptorem patronum habere, emptorem tamen nihil posse post manumissionem a venditore consequi. Ego cum meminissem, et Iulianum in ea sententia esse, ut existimaret, post manumissionem quoque empti actionem durare, quaero quae sententia vera est. Illud etiam in eadem cognitione nomine emptoris desiderabatur, ut sumptus, quos in unum ex his quem erudierat, fecerat, ei restituerentur. Item quaero, Arescusa quae recusavit emptorem patronum habere, cuius sit liberta constituta, an possit vel legatariam, quae non liberavit, vel heredem patronum habere, nam ceteri duo ab herede manumissi sunt. Respondi u. s. w.

L. 34. D. de negot. gest. (3, 5) aus des Paulus lib. I. quaest. — Nesennius Apollinaris Iulio Paulo salutem. Avia nepotis sui negotia gessit, defunctis utrisque aviae heredes conveniebantur a nepotis heredibus negotiorum gestorum actione, reputabant heredes aviae alimenta praestita nepoti. Respondebatur, aviam iure pietatis de suo praestitisse, nec enim aut desiderasse, ut decernerentur alimenta aut decreta esse. Praeterea constitutum esse dicebatur, ut si mater aluisset, non posset alimenta, quae pietate cogente de suo praestitisset, repetere. Ex contrario dicebatur, tunc hoc recte dici, ut de suo aluisse mater probaretur; at in proposito aviam, quae negotia administrabat, verisimile esse de re ipsius nepotis eum aluisse. Tractatum est, numquid utraque patrimonio erogata videantur. Quaero quid tibi iustius videatur. Respondi u. s. w.

Unzweifelhaft ist das in beiden Fällen die Anfrage eines Assessors, der sich in einem schwebenden Rechtsstreite nicht zu helfen weiss und deshalb seinen frühern Lehrer um Rath fragt.

[122] Die Fragmente aus diesem liber singularis de officio assessorum bei Hommel II. p. 290.

[123] L. 20. D. de except. (44, 1).

[124] L. 1. D. de offic. ass. (1, 22). Es kann keinem Zweifel unterliegen, dass der Verfasser auch von der conceptio formularum gesprochen hat und diese Worte von den Compilatoren gestrichen worden sind.

postulationibus, libellis, edictis, decretis, epistolis. Auch für einen Theil dieser Geschäfte hatte Paulus praktische Anleitungen verfasst, nämlich einen liber singularis de cognitionibus,[125] einen andern de iure libellorum.[126] Callistratus schrieb sogar 6 Bücher de cognitionibus,[127] von denen die 4 ersten civilrechtliche, die 2 letzten strafrechtliche Cognitionen behandeln.[128] Endlich wurden wohl die wichtigeren gerichtlichen decreta und epistolae gesammelt und publicirt, so dass es den jüngeren Assessoren auch in dieser Beziehung nicht an Mustern fehlte.[129]

Wegen des weit reichenden Interesses, das gerade dieser Theil der Geschäfte eines Assessors hat, ist es wohl gestattet, auf die epistolae etwas näher einzugehen.

Bekanntlich durften nicht nur die Behörden, sondern auch Privatleute den Kaiser um Belehrung über einen zweifelhaften Rechtsfall ersuchen. Hier erschien der Kaiser als iuris consultus, natürlich als der vornehmste, seine Entscheidung als responsum prudentis, natürlich als ein massgebendes. Die Entscheidung wurde unter Zuziehung des kaiserlichen consilium, dem tüchtige Juristen anzugehören pflegten, getroffen und die Redaction einem der Räthe übertragen. Was die Form der kaiserlichen Antwort anbetrifft, so bildete dieselbe entweder ein selbständiges Schreiben (epistola) oder sie war ein auf die Eingabe gesetzter kurzer Vermerk (subscriptio). Für die Expedition gab es ein doppeltes scrinium, je nachdem die Antwort in lateinischer oder in griechischer Sprache ausgefertigt wurde[130].

Etwas ganz Entsprechendes nun kam, wie es scheint, auch bei den Gerichten vor. In der Regel wandte man sich nicht sofort an den Kaiser, sondern vielmehr zunächst an das Gericht, zu dessen

[125] Hommel II. p. 274.

[126] Daraus ist nur eine Stelle erhalten: L. 11. D. de legat. (50, 7).

[127] Hommel II. p. 129—138.

[128] Rudorff Rechtsgesch. II. S. 201 Anm. * Ulpians libri X de omnibus tribunalibus (Hommel III. p. 589—595) behandeln gleichfalls Civilcognitionen des Prätors und Präses, namentlich in Vormundschaftssachen. Rudorff a. a. O.

[129] Hieher gehören, was die decreta anbetrifft, nicht blos des Paulus libri III decretorum (Hommel II. p. 5—10), eine Beispielsammlung von am Gericht des Kaisers erlassenen Decreten (vgl. Rudorff a. a. O.), sondern auch die decreta Frontiniana, welche Aristo herausgab (so ist nämlich L. 99. D. de acq. vel om. her. 29, 2: Aristo in decretis Frontonianis ita refert, zu verstehen). Vgl. Zimmern I. S. 328. Aristo war später mit Neratius Priscus im consilium des Trajan. L. 5. D. si a parente (37, 12).

[130] Vgl. im Allgemeinen Savigny System I. §. 24. Puchta I. S. 534 ff. Rudorff I. §. 58.

Competenz die Sache im Falle eines wirklichen Prozesses gehören würde, aber auch hier, wie es scheint, nicht an den Magistrat, sondern an seinen Beisitzer. Von diesem wurden denn auch die Anfragen selbständig beantwortet. Für die Expedition seines Antwortschreibens (epistola) hatte er einen besonderen scriba ab epistolis[131].

Das sind meines Erachtens die epistolae, von denen Paulus bei Aufzählung der Obliegenheiten des Assessors an letzter Stelle redet, und auf sie glaube ich die Sammlungen beziehen zu dürfen, die Labeo[132], Proculus[133], Celsus[134], Javolen[135], Neratius[136], Pomponius[137] und Africanus[138] unter dem Titel libri epistolarum publicirt haben.

Vor Allem ist es eine ganz grundlose Vermuthung, diese Schriften mit den libri responsorum, die wohl den nämlichen Verfassern zugeschrieben werden, für identisch zu halten[139]; beiderlei Werke haben einen ganz verschiedenen Charakter. Dass die responsa nur kurz die Entscheidung treffen, die epistolae dagegen ausführlich die Gründe mittheilen, haben schon Andere hervorgehoben[140].

Um den Charakter der epistolae, wie sie uns in jenen Sammlungen vorliegen, deutlich zu machen, ist an die Einleitung des römischen Formular-Prozesses zu erinnern[141]. Wer eine Klage anstellen wollte, hatte unter den im Album des Prätors aufgestellten formulae auf seine Gefahr diejenige zu wählen, die ihm für seinen Fall die passende schien, um sie dem Beklagten in iure anzugeben (formulam oder actionem edere). Hatte der Kläger eine bestimmte Klage edirt und beantragte er nun, dass der Magistrat sie zulasse (actionem postulare), stellte sich aber bei der Verhandlung heraus, dass die edirte formula gar nicht auf den in Rede stehenden Fall passe, vielmehr eine andere hätte edirt werden müssen, oder dass auf Grund solcher Thatsachen, wie der Kläger sie anführte, überhaupt eine Klage nicht statthaft sei, z. B. weil der behauptete Vertrag nichtig war, so wurde die postulirte actio denegirt.

131 Orelli 41.
132 L. 30. §. 1. D. de usurp. (41, 3).
133 Hommel II. p. 389 sqq.
134 L. 3. §. 1. D. de minor. (4, 4).
135 Hommel II. p. 202 sqq.
136 Hommel I. p. 510 sq.
137 Hommel II. p. 308 sqq.
138 L. 39. pr. D. de legat. I.
139 Vgl. oben S. 28 Anm. 75.
140 Zimmern I. S. 210 f. Vgl. oben S. 26.
141 Vgl. zum Folgenden Bethmann-Hollweg II. S. 211 ff.

Es war also von Wichtigkeit, dass der Kläger, schon ehe er in iure auftrat, über die passende formula mit sich im Reinen war. Hegte er in dieser Beziehung Zweifel, so lag es nahe, den rechtsverständigen Beisitzer des Gerichts, bei welchem ohnehin die Sache zur Verhandlung kommen musste, um Belehrung zu bitten. Eine solche Belehrung zu ertheilen, fiel durchaus nicht unter das dem Beisitzer verbotene negotia tractare[142], galt vielmehr als eine seiner amtlichen Obliegenheiten.

Die libri epistolarum der oben genannten Juristen, insbesondere die am stärksten excerpirte Sammlung des Javolen, enthalten nun in der That vorzugsweise Anfragen darüber, ob eine gewisse Klage zulässig, oder welche von mehreren Klagen die richtige sei. So wird z. B. die Frage gestellt, ob aus einer gewissen alternativen stipulatio eine Klage zustehe (an putes, me ex stipulatu actionem habere)[143]; ob eine gewisse bedingte stipulatio gültig sei (an consistat talis stipulatio)[144]; utrum turpem talem stipulationem putes an non[145]; utrum in partem an in totum venditio consistat an nihil actum sit[146]; an ullius momenti eam locationem existimes[147]; utrum emptio sit an locatio[148]; an pecunia repeti possit et qua actione[149]; an hoc quoque pensandum sit, quanti mea intersit, certo loco dari[150]; an deductiones impensarum fieri possint[151]; an fideiussor teneatur[152]; an id quoque quod legatum est, deberetur[153]; an adire necesse habueris, ne sextans intereat[154]; an servitutem talem iniungere possim, ut mihi et vicino serviat[155]; welche Klage ein Miteigenthümer wegen des paries communis habe. (Antwort: neque me neque te agere posse, ius non esse alteri ita immissas habere; itaque de ea re arbiter communi dividundo sumendus est)[156] u. s. w.

[142] L. 5. D. de offic. ass. (1, 22). Vgl. unten S. 45 f.
[143] L. 105. D. de verb. obl. (45, 1).
[144] L. 108. eod.
[145] L. 107. eod.
[146] L. 64. D. de contr. empt. (18, 1).
[147] L. 21. D. de usurp. (41, 3).
[148] L. 65. D. de contr. empt. (18, 1).
[149] L. 10. D. de praescr. verb. (19, 5).
[150] L. 15. D. de compens. (16, 2).
[151] L. 41. §. 1. D. de legat. I.
[152] L. 44. D. de fideiuss. (46, 1).
[153] L. 15. D. de opt. (33, 5).
[154] L. 76. §. 1. D. de adq. vel. om. hered. (29, 2).
[155] L. 5. D. comm. praed. (8, 5).
[156] L. 4. D. serv. leg. (33, 3).

Eine solche Anfrage geschah insbesondere, wenn die Auffassung des Falles in der juristischen Literatur oder sonst bestritten war, z. B.

L. 69. D. de hered. inst. (28, 5) aus des Proculus lib. II. epistol. — 'Cornelius et Maevius, uter eorum volet, heres esto'. Uterque vult; Trebatius, neutrum fore heredem, Cartilius utrumque; tu cui assentiaris? Proculus: Cartilio assentio u. s. w.

L. 116. D. de V. S. (50, 16) aus des Javolenus lib. VII. epist. — 'Quisquis mihi alius filii filiusve heres sit'. Labeo, non videri filiam contineri, Proculus contra; mihi Labeo videtur verborum figuram sequi, Proculus mentem testantis. Respondit u. s. w.,

oder wenn man wegen der vermuthlichen Ansicht des Assessors Bedenken hatte.

L. 28. D. de reb. auct. (42, 5) aus des Javolenus lib. I. epist. ... me illud maxime movet, quod praeceptoribus tuis placet, unum esse testamentum.

Unter den Anfragenden kommen auch wohl Angehörige des Assessors vor.

L. 12. §. 43. D. de instructo (33, 7) von Ulpian. — denique Neratius libro IV. epistolarum Marcello fratri suo respondit ...

Auch hier fragte wohl der Assessor, der seiner Sache selbst nicht sicher war, vorher bei einem ältern ihm bekannten Juristen an, und theilt dann dessen Antwort gleichfalls in der Sammlung seiner epistolae mit.

L. 39. pr. D. de legat. I. — Africanus libro XX. epistolarum apud Iulianum quaerit putatque, sumtum praestandum.[157]

Proculus fragt unter denselben Umständen mehrmals bei seinem Grossvater (Sempronius) an, der also gleichfalls Jurist war.[158]

L. 47. D. de legat. II. aus des Proculus lib. VI. epist. — Sempronius Proculus nepoti suo salutem. Binae tabulae testamenti eodem tempore exemplarii causa scriptae, ut vulgo fieri solet, eiusdem patrisfamilias proferuntur, in alteris centum, in alteris quinquaginta aurei legati sunt Titio; quaeris utrum et quinquaginta aureos, an centum duntaxat habiturus sit. Proculus respondit (natürlich der Grossvater, dessen Antwort der Enkel in seinen epistolae mittheilt): in hoc casu magis heredi parcendum est u. s. w.

[157] Vgl. Zimmern S. 351.

[158] Zimmern S. 316 Anm. 3 meint, der Enkel sei der antwortende Jurist, Rudorff Zeitschr. f. gesch. R.-W. XII. S. 336 Anm. 59: Nepos sei, wenn auch nicht der im Testament des Dasumius erwähnte Prätor Licinius Nepos, so doch als Eigenname zu verstehen.

L. 67. D. de iure dot. (23, 3) aus lib. VII. epist. — Proculus nepoti suo salutem u. s. w.

L. 125. D. de V. S. (50, 16) aus lib. V. epist. — Nepos (d. h. Proculus nepos) Proculo suo salutem. ... Putasne u. s. w. .. Proculus (nämlich wieder der Grossvater): u. s. w.

Bei der Sichtung und Sammlung der epistolae behufs Herausgabe derselben wurden auch wohl andere Erörterungen, die dahin zu passen schienen, mit aufgenommen.[159]

Wir gehen also davon aus, dass die Verfasser der libri epistolarum Assessoren gewesen sind. Von einzelnen derselben ist uns das denn auch ausdrücklich überliefert, so dass jene innerlich ohnehin gerechtfertigte Voraussetzung auch der äussern Beglaubigung nicht entbehrt.

Von Javolenus Priscus sagt nämlich Plinius an der bereits mehrfach angeführten Stelle: interest officiis, adhibetur consiliis. Dass ferner Neratius Priscus im consilium des Kaisers Trajan war, geht aus einer Bemerkung Papinians[160] hervor. Was den jüngern Celsus anbetrifft,[161] so war derselbe später consiliarius bei Hadrian,[162] ob aber früher bei dem Prätor Flavius Respectus, ist fraglich. Wenn nämlich Ulpian[163] sagt: non inelegantur Celsus epistolarum libro XI. et digestorum II. tractat, ex facto a Flavio Respecto praetore consultus, so scheint diese consultatio einen andern Sinn zu haben, als das gewöhnliche in consilium ire der Magistrate.[164] Unter Umständen fragten die Magistrate auch noch andere Juristen als ihre ständigen Assessoren um Rath. So ist es zu verstehen, wenn Julian in L. 5. D. de man. vind. (40, 2) erzählt:

An apud se manumittere possit is qui consilium praebeat, saepe quaesitum est; ego cum meminissem, Iavolenum praeceptorem meum et in Africa et in Syria servos suos manumisisse, cum consilium praeberet, exemplum eius secutus et in praetura et consulatu meo quosdam ex servis meis vindicta liberavi et quibusdam praetoribus consulentibus me idem suasi.

[159] Vgl. z. B. L. 3. §. 1. D. min. (4, 4). L. 6. §. 1. D. de liber. (34, 3).

[160] L. 5. D. si a parente (47, 12). — Divus Hadrianus filium ... coegit emancipare ...; sed consilio Neratii Prisci et Aristonis u. s. w.

[161] Ueber den ältern vgl. L. 29. pr. D. de leg. II. aus des jüngern Celsus lib. XXXVI. dig. — Pater meus referebat, cum esset in consilio Duceni Veri consulis, itum in sententiam suam, ut u. s. w.

[162] Spartian. Hadr. 18.

[163] L. 3. §. 1. D. de minor. (4, 4) von Ulpian.

[164] Vgl. Bethmann-Hollweg II. S. 138 Anm. 14.

Uebrigens hatten schon Sabinus und Puteolanus unter dem Titel libri assessoriorum eine Sammlung von Rechtsfällen aus ihrer Praxis als Beisitzer publicirt.[165]

Die Thätigkeit des Beisitzers war nicht so umfangreich, dass sie die ganze Zeit und Kraft eines Mannes in Anspruch genommen hätte. Die am meisten Zeit raubenden Geschäfte wurden im ordo iudiciorum privatorum nicht durch den Magistrat, sondern durch den Geschwornen (iudex) erledigt. Und wenn auch bei dem Verfahren in iure die Schriftlichkeit jetzt eine grössere Bedeutung gewonnen hatte, so wurde das Schreibwesen doch hauptsächlich durch die gut eingeschulten und juristisch nicht ungebildeten Subalternbeamten besorgt, deren jeder Magistrat eine grössere Zahl zur Seite hatte.[166] Insbesondere war es Sache der scribae, die Verhandlung vor dem Magistrat zu protocolliren, die Concepte der Decrete (pericula magistratuum) zu entwerfen, die Abschriften der Urkunden, namentlich der formulae zu beglaubigen u. dgl. Hiernach erscheint Puchtas Behauptung, dass die mehr mechanischen Geschäfte, welche am Gericht vorkamen, durch die angehenden Juristen besorgt worden seien, unrichtig; vielleicht ist sie aus einer unbewussten Reminiscenz an unsere modernen Verhältnisse entstanden.

So hatte ein Assessor ausreichende Musse, um noch nach einer andern Seite eine juristische Thätigkeit zu entfalten. In dieser Beziehung kam sowohl die Advokatur als die Lehrthätigkeit in Betracht.

Es war gar nichts Seltenes, dass ein Assessor zugleich die Geschäfte eines Advokaten betrieb. Natürlich aber durfte er nicht in solchen Rechtssachen als Advokat thätig sein, die vor das Gericht gehörten, an welchem er Beisitzer war.

L. 5. D. de offic. ass. (1, 22) von Paulus. — Consiliario eo tempore quo assidet, negotia tractare in suum quidem auditorium nullo modo concessum est, in alienum autem non prohibetur.

Unter das negotia tractare aber fiel es nicht, wenn der Beisitzer einen drohenden Prozess als Vermittler beizulegen suchte. So bittet Jemand, der mit seinem Nachbar Hiberus über die Benutzung einer gemeinschaftlichen Mauer in Streit liegt, den Proculus um rechtliche

[165] L. 12. D. de pact (2, 14) von Ulpian. — ut et Puteolanus libro primo assessoriorum scribit. L. 5. §. 8. D. de iniur. (47, 10) von dems. — sed Sabinus in assessorio etiam praetores exemplum legis secuturos ait. — Zimmern S. 315 Anm. 23 möchte, wie es scheint, das in assessorio lieber von einem Ausspruch als assessor als von einem Buch verstehen. Dagegen Rudorff II. S. 48 Anm. 15 u. Bethmann-Hollweg II. S. 137 Anm. 9.

[166]) Hierüber vgl. besonders Bethmann-Hollweg II. S. 141 f.

Belehrung, indem er zum Schluss hinzufügt: qua de re volo cum Hibero loquaris, ne rem illicitam faciat. Da Proculus diese Aufforderung in seinen libri epistolarum mittheilt,[167] so war er wohl in seiner Eigenschaft als Beisitzer um diese Vermittlung ersucht worden.

Diese Cumulation beider Aemter dauerte auch in der spätern Kaiserzeit fort,[168] bis Justinian sich im Interesse der Rechtspflege veranlasst sah, den Assessoren für die Dauer ihrer Assessur die Betreibung der Advokatur überhaupt zu untersagen.[169]

In ähnlicher Weise verband man wohl auch die Thätigkeit als Rechtslehrer mit dem Amte eines Assessors oder eines Advokaten. Darauf weist zunächst schon die Analogie der Aerzte und Rhetoren. So wissen wir z. B. von Galen, dass er auch als Lehrer der Heilkunde öffentliche Vorträge hielt und mit Demonstrationen begleitete,[170] ferner von Quintilian, dass er nicht nur als Gerichtsredner, sondern auch als Professor der Redekunst auftrat.[171]

Es liegt also die Vermuthung nahe, dass die Juristen es ähnlich gehalten haben. Stellen wir damit nun die Nachrichten zusammen, die uns gelegentlich über die römischen Juristen überliefert werden, so wird unsere Vermuthung ausser Zweifel gestellt.

---

[167] L. 13. pr. D. de serv. pr. urb. (8, 2).

[168] S. z. B. L. 11. pr. C. de advoc. div. iud. (2, 7) von Leo an den Praef. Praet. Vivianus aus dem J. 460. — Nemini licere sancimus, aliquem sub assidendi colore statutis centum quinquaginta advocatis, quos sibi eminentissima praefectura in consilium assumserit, aggregare. Vgl. Bethmann-Hollweg III. S. 163 f. u. S. 131 Anm. 20.

[169] L. 14. pr. C. de assess. (1, 51) vom J. 529. — Nemo ex iis qui advocati causarum constituti sunt vel fuerint, etiam in hac regia urbe in quocunque iudicio deputati et in aliis omnibus provinciis nostro subiectis imperio, audeat in uno eodemque tempore tam advocatione uti, quam consiliarii cuiuscunque magistratus, quibus respublica gerenda committitur, curam arripere, cum satis abundeque sufficiat, vel per advocationem causis perfectissime patrocinari, vel assessoris officio fungi, ne cum in utrumque festinet, neutrum bene peragat; sed sive advocatus esse maluerit, hoc cum debita sollertia implere possit, vel si assessionem elegerit, in ea videlicet permaneat, ita tamen, ut post consiliarii sollicitudinem depositam, liceat ei ad munus advocationis reverti.

[170] Friedländer Sittengeschichte Roms I. (2. Aufl.) S. 234.

[171] Friedländer a. a. O. S. 225 f.

IV. Professoren und Assessoren.

Pomponius[172] erzählt von Labeo Folgendes: plurimum studiis operam dedit et totum annum ita diviserat, ut Romae sex mensibus cum studiosis esset, sex mensibus secederet et conscribendis libris operam daret. Hugo[173] zweifelte, ob der Ausdruck studiosi auf einen eigentlichen theoretischen Rechtsunterricht hindeute und vermuthete, Labeo habe wohl noch nicht anders unterrichtet, als wie es ehemals geschehen sei, d. h. bei der Beantwortung von Anfragen in wirklichen Geschäften. Aber mit Recht hat sich schon Schilling[174] gegen diese Auffassung erklärt. Hätte Pomponius, so bemerkt derselbe, weiter Nichts sagen wollen, als dass Labeo nur nebenbei im Geschäftsleben unterrichtet habe, so würde er sich schwerlich des Ausdrucks: ut cum studiosis esset bedient haben, da bei der Beantwortung von Anfragen der Unterricht der Zuhörenden doch nur Nebensache oder eine untergeordnete Rücksicht war. Dass Labeo einen förmlichen, theoretischen Unterricht ertheilte, wird auch noch dadurch in hohem Grade wahrscheinlich, dass er bekanntlich das Haupt einer juristischen Schule, der Proculianer war.

Uebrigens haben wir früher[175] gesehen, dass auch schon zur Zeit der Republik ein eigentlicher theoretischer Unterricht (institutio) ertheilt wurde; einen solchen erhielt namentlich auch unser Labeo, nämlich bei Trebatius. Insofern liegt also in jener Thätigkeit des Labeo gar keine Neuerung. Das Eigenthümliche seiner Wirksamkeit bestand, wie es scheint, darin, dass, während die früheren Juristen wesentlich Praktiker waren und sich nur nebenher mit dem instituere befassten, Labeo dagegen diesen theoretischen Unterricht sich zur Hauptaufgabe machte. In diesem Sinne sagt Pomponius: plurimum studiis operam dedit, und die Worte des Gellius:[176] iuris civilis disciplinam principali studio exercuit haben wohl dieselbe Bedeutung. Labeo war aber deshalb kein blosser Theoretiker, sondern et consulentibus de iure publice responsitavit[177] und er fungirte, wie seine epistolarum libri beweisen, auch als Beisitzer.

[172] L. 2. §. 27. D. de orig. iur.

[173] Gesch. des röm. Rechts 10. Aufl. S. 756 Anm. 1; 11. Aufl. S. 831 Anm. 1.

[174] Bemerkungen S. 348 ff.

[175] Oben S. 7 sq.

[176] Noct. Att. 13, 10 init.

[177] Oben S. 17.

Dass Massurius Sabinus, der der Schule der Sabinianer ihren Namen gab, gleichfalls öffentlicher Rechtslehrer war, haben wir oben[178] gesehen und wird auch von Hugo nicht bezweifelt.[179] Gelegentlich bezeichnet Paulus ihn als Lehrer des Cassius.[180] Pomponius[181] aber erzählt noch, dass Sabinus hauptsächlich von seinen Zuhörern unterhalten worden sei (plurimum a suis auditoribus sustentatus est.)

Puchta[182] bemerkt, diese Nachricht von Studentenhonoraren zu verstehen, sei ein aus modernen Anschauungen entsprungener Einfall, den jetzt Niemand mehr für glücklich halten werde. Nun ist es allerdings richtig, was schon Schilling[183] gegen Hugo hervorhebt, dass die Worte des Pomponius füglicher von einer freiwilligen Unterstützung, als von der Zahlung eines Honorars in unserm Sinn zu verstehen sind; aber andererseits liegt doch auch die Vermuthuhg nahe, dass die Honorarzahlung schon jetzt als eine in der Regel nicht zu umgehende Ehrenpflicht der Schüler erschien, eine Auffassung, die für die Zeit Ulpians ausdrücklich bezeugt ist.

Sabinus war aber auch öffentlicher Respondent[184] und wie seine libri assessoriorum darthun, Beisitzer bei Gericht.

Javolenus Priscus wird von Pomponius[185] als ein Vertreter der Sabinianischen Schule aufgeführt, ein Umstand, wodurch allein schon seine Lehrthätigkeit sehr wahrscheinlich gemacht wird.[186] Dazu kommt aber noch, dass Julian[187] ihn seinen praeceptor nennt. Endlich bezeichnet Plinius[188] ihn als öffentlichen Respondenten und als Gerichtsbeisitzer. Wahrscheinlich war Javolenus noch im consilium des Kaisers Pius.[189]

Auch Salvius Julianus, der berühmte Schüler des Javolenus,

[178] S. 17.

[179] Vgl. Schilling a. a. O. S. 349 f.

[180] L. 19. §. 2. D. de recept. (4, 8) von Paulus. — et Sabinus quidem putavit posse. Cassius sententiam magistri sui bene excusat et ait, Sabinum non de ea sensisse sententia quae u. s. w.

[181] L. 2. §. 47. cit.

[182] a. a. O. I. S. 487.

[183] a. a. O. S. 349.

[184] Und zwar hatte er das ius respondendi. L. 2. §. 47. cit. — publice primus scripsit (oder respondit). — Sabino concessum est a Tiberio Caesare, ut populo responderet. Vgl. oben p. 10 sq.

[185] L. 2. §. 47. cit.

[186] Vgl. unten den Abschnitt V.

[187] L. 5. D. de manum. vind. (40, 2). Oben S. 30.

[188] Oben S. 17.

[189] Capitol. Pius 12. Rudorff I. S. 170. Zweifelhaft Zimmern S. 326.

war Rechtslehrer. Zu seinen Schülern gehörte namentlich Mäcian, Terentius Clemens, African und wahrscheinlich auch Scävola. Die beiden erstern nennen den Julian ausdrücklich Julianus noster.[190] Dass aber auch African in einem genauern Verhältniss zu Julian gestanden habe, geht aus mehreren Zeugnissen hervor. So finden wir nicht nur eine Anfrage des African bei Julian und an einer andern Stelle ein an African gerichtetes responsum Julians erwähnt,[191] was auf ein Verhältniss hindeutet, wie es zwischen einem Rechtslehrer und seinem frühern, nun der Praxis zugewandten Schüler herkömmlich war,[192] sondern African beruft sich auch sonst öfters auf Meinungen Julians,[193] und zwar haben dieselben für ihn eine besondere Autorität. Da aber African bei diesen Citaten keine Schrift des Julian anführt, so beruhen jene Aeusserungen aller Wahrscheinlichkeit nach auf mündlicher Mittheilung.

Sonach kann das Verhältniss, das zwischen Julian und African bestand, nicht wohl zweifelhaft sein; es ist, wie auch Puchta[194] meint, das des Lehrers und Schülers.

Es scheint, dass Julian Disputationen über zweifelhafte Rechtsfragen veranstaltet und über des Sabinus libri III iuris civilis gelesen hat. Dabei legte er dann aber nicht das Werk des Sabinus selbst, sondern vielmehr die Commentare zu Grunde, welche Urseius Ferox und Minicius Natalis zu Sabinus verfasst hatten.[195] Aus diesen Disputationen und Vorlesungen entstanden nämlich meines Erachtens der liber singularis de ambiguitatibus[196] und die Werke ad Urseium Ferocem[197]

[190] Maecian in L. 30. §. 7. D. ad leg. Falc. (35, 2). L. 65 §. 1. D. ad Sc. Treb. (36, 1). Terentius Clemens in L. 6. D. de vulg. subst. (28, 6). Vgl. Asher a. a. O. S. 98 u. oben S. 32 u. 38.

[191] L. 39. pr. D. de legat. I. von Ulpian. — Africanus libro XX epistolarum apud Iulianum quaerit ... L. 3. §. 4. D. de agnosc. (25, 3) von Ulpian. — Et Iulianus Sexto Caecilio Africano respondit ...

[192] Oben S. 31.

[193] L. 45. pr. D. de act. empti (19, 1) von Paulus. — idque et Iulianum agitasse Africanus refert. — L. 23. D. de reb. cred. (12, 1). L. 38. pr. D. de cond. ind. (12, 6) aus Africanus lib. IX quaest. — ... respondit ... idque maxime consequens esse ei sententiae quam Iulianus probaret ... L. 31. D. de pign. act. (13, 7).

[194] a. a. O. I. S. 458. Vgl. Zimmern S. 351.

[195] Zimmern S. 319 u. 329 f.

[196] Hommel I. p. 223 sq.

[197] Hommel I. p. 308—313.

und ad Minicium Natalem,[198] „beide frei nach dem Sabinussystem“.[199]

Julian war aber nicht bloss Rechtslehrer, sondern auch Praktiker. Abgesehen davon, dass er das Amt eines Prätors, Consuls und Präfectus Urbi bekleidete, war er im Rathe der Kaiser Hadrian, Pius und der Divi Fratres. Bekanntlich übertrug Hadrian ihm die schliessliche Redaction (compositio) des prätorischen Edicts.[200]

Dass Sextus Pomponius Rechtslehrer war, geht aus seiner schriftstellerischen Thätigkeit hervor. Er verfasste nämlich eine Reihe von Schulschriften, namentlich einen liber singularis regularum, libri II enchiridii und noch einen liber sing. enchiridii,[201] aus welcher letztern Schrift die bekannte, in den Pandektentitel de origine iuris aufgenommene Stelle über römische Rechtsgeschichte entnommen ist. Dazu kommen die libri XXXIX ad Q. Mucium und libri XXXV ad Sabinum.[202] Hiernach dürfen wir wohl annehmen, dass Pomponius insbesondere über des Q. Mucius Scaevola libri XVIII und des Massurius Sabinus libri III iuris civilis gelesen hat. Auch ein Werk des Plautius und des Aristo gab er in einer Umarbeitung neu heraus (libri VII ex Plautio[203] und Digestorum ab Aristone libri).[204]

Von sonstigen Werken des Pomponius führt der Index Florentinus namentlich noch auf: Επιστολων βι. 20 und variarum lectionum βι. 15. Nun aber wird in den Pandekten ein lib. XXV, XXXIV,

[198] Hommel I. p. 304—308.

[199] Rudorff S. 171.

[200] Ueber alles dies s. Zimmern S. 336 und Rudorff S. 171.

[201] Hommel II. p. 303—308 und p. 331 sq.

[202] Hommel II. p. 314—327 und p. 332—371. Der Ind. Florent. bezeichnet das erstere Werk: Ad Q. Mucium lectionum βι 39. Aber der Zusatz lectionum, der sich sonst nicht findet, beruht wohl nur auf einem Versehen. Vgl. die Fortsetzung des Textes.

[203] Hommel II. p. 327—331.

[204] L. 44. pr. D. sol. matr. (24, 3) von Paulus. — ut est relatum apud Sextum Pomponium Digestorum ab Aristone libro V. Dazu L. 18. pr. §. 1. D. de don. (39, 5) von Ulpian. — et ita et Pomponius eum (sc. Aristonem) existimare refert. — Denique refert, Aristonem putare u. s. w. Vat. fragm. §. 83 . . . et ita Neratio et Aristoni videtur et Pomponius probat. Dass Aristo auch umgekehrt Noten zu Pomponius geschrieben habe, wie Rudorff I. S. 172 Anm. 25 wegen Vat. fragm. §. 88 annimmt, ist unrichtig; Aristo hatte notae zu Labeo, Cassius und Sabinus geschrieben (Zimmern S. 328), und auf eine dieser seiner Ausgaben der genannten Rechtslehrer muss die Bemerkung der citirten Stelle (Aristonem autem adnotare) bezogen werden. Adnotare wird nämlich auch absolut gebraucht, z. B. in L. 12. §. 2 D. qui et a quib. (40, 9) von Ulpian.

XL. und XLI. variarum lectionum citirt[205] und anderseits werden auch libri epistolarum et variarum lectionum zusammen erwähnt.[206] Hiernach nimmt man an, dass die epistolae und die variae lectiones ein 'Ganzes' oder 'ein einziges Werk' bildeten, das nur der Kürze wegen gewöhnlich bloss als epistolae oder als variae lectiones citirt worden sei.[207] Aber diese Annahme scheint unhaltbar. Damit die Zahl 41 herauskommt, müsste das 'Ganze' ausser den epistolae und den variae lectiones noch andere Stücke umfasst haben, was weder mit dem Index Flor. noch dem Citate libri epistolarum et variarum lectionum stimmt. Wahrscheinlich ist das Verhältniss dieser Schriften zu einander so aufzufassen, dass Pomponius seine beiden bereits publicirten Schriften (epistolae und variae lectiones) später in einen Auszug zusammenfasste, der aber auch neue Erörterungen enthielt, wegen deren er dann auch neben jenen Werken citirt werden konnte.

Dieser Auszug (libri epistolarum et variarum lectionum) mag aus 15 libri bestanden haben, woraus sich die irrige Angabe des Index Florent. erklären würde.

Was soll aber der Ausdruck lectiones bedeuten, den auch Paulus als Titel einer seiner Schriften (liber sing. de variis lectionibus) gewählt hat? Nichts anders als 'Texte', nämlich in dem Sinne von geschriebenen Bestimmungen.[208] Libri variarum lectionum oder de variis lectionibus sind also Erörterungen über verschiedene Materien. Sonach konnten denn auch variae lectiones und epistolae passend zusammengestellt werden.

[205] L. 1. §. 3. u. L. 31. D. de rei vind. (6, 1). L. 2. D. in quib. caus. (20, 2) u. L. 8. §. 6. D. si serv. vind. (8, 5).

[206] L. 50. D. de minor. (4, 4). L. 14. D. de pollic. (50, 12).

[207] Rudorff I. S. 172. Fitting a. a. O. S. 12.

[208] Ammian. Marcell. 30, 4. et si voluntate matrem tuam finxeris cecidisse, multas tibi suffragari absolutionem lectiones reconditas pollicentur. Macrob. Sat. 7, 7. Lectio tamen docet, eo tempore solitos u. s. w. L. 5. C. de bonis quae lib. (6, 61) von Leo und Anthemius aus dem J. 473. — cum mulier diversis iuris lectionibus idem intelligi maritum et sponsum niteretur probare. Hierher gehört auch das Citirgesetz: L. 3. C. Th. de resp. prud. (1, 4) vom J. 426, worin es von Gaius heisst: lectionesque ex omni eius opere recitentur. Die Schriften der in diesem Gesetz aufgeführten Juristen hatten ja oder erhielten doch jetzt gesetzliche Gültigkeit.

Aus dem Werk des Pomponius lässt sich für die Bedeutung des Ausdrucks lectiones nichts Näheres entnehmen; die Stellen aus des Paulus lib. sing. de variis lectionibus enthalten nur kurze Definitionen der Begriffe institor, operae, exceptio und replicatio. L. 18. D. de inst. act. (14, 3). L. 1. D. de op. lib. (38, 1) und L. 22. D. de except. (44, 1).

Wie diese libri epistolarum andeuten, war Pomponius nicht blosser Rechtslehrer, sondern auch Beisitzer.[209]

L. Volusius Maecianus[210], Schüler des Vindius Verus[211] und des Iulian[212], schloss sich als Schriftsteller vorzugsweise an den letzteren an. Aller Wahrscheinlichkeit nach trat er auch als Rechtslehrer auf. Wenigstens wurde er zum Lehrer der Jurisprudenz für den Cäsar M. Aurelius ausersehen[213], „wonach angenommen werden muss, dass er schon im Anfang der Regierung des Pius sich einen Namen gemacht hatte.“ Zur Belehrung seines Schülers verfasste er das auf uns gekommene Schriftchen über die assis distributio. Die Bestimmung dieser Schrift geht aus den Eingangsworten hervor, die durch Mommsen berichtigt worden sind. Hiernach ist die Schrift nicht einem unbekannten Censor, sondern dem Cäsar, d. h. dem Schüler Maecians gewidmet, dem sie seine Rechtsstudien erleichtern sollte.

Nach der Thronbesteigung Mark Aurels kam er in den kaiserlichen Rath, und die divi Fratres erwähnen seiner mit grossem Lob[214].

[209] Als eine Hindeutung auf diese beiden Eigenschaften des Pomponius darf man vielleicht auch die Anfrage des redseligen 78jährigen Herrn in L. 20. D. de fid. lib. (40, 5) betrachten. Diese Stelle aus des Pomponius lib. VII epist. lautet: Apud Iulianum ita scriptum est u. s. w. an haec vera putes? nam ego discendi cupiditate, quam solam vivendi rationem optimam in octavum et septuagesimum annum aetatis duxi, memor sum eius sententiae, qui dixisse fertur: κᾴν τὸν ἕτερον πόδα ἐν τῇ σωρῷ ἔχω προσμαθεῖν τι βουλοίμην.

Auch die Anfrage des Rufinus bei Neratius, wovon Ulpian in L. 12. §. 35. D. de instr. (33, 7) redet, erscheint sehr verständlich, wenn wir uns Neratius als Rechtslehrer denken.

[210] Ueber denselben s. Mommsens Bemerkungen vor seiner Ausgabe der assis distributio. Abhandlungen der Sächs. Gesellsch. der Wissensch. III. S. 281 ff.

[211] L. 32. §. 4. D. ad leg. Falc. (35, 2) von Maecian — . . . Vindius noster . . . ait.

[212] L. 30. §. 7. D. eod. — Celso et Iuliano nostro placuit. — L. 65. §. 1. D. ad Sc. Treb. (36, 1) . . . Iulianus noster probat.

[213] Capitol. Marc. 3. studuit et iuri, audiens L. Volusium Maecianum. Auch der Kaiser gedenkt in seiner Selbstbiographie 1, 8 unter seinen Lehrern des Maecianus, ein Name, der daselbst längst für Marcianus hergestellt ist.

[214] In L. 17. pr. D. de iure patr. (37, 14): Divi fratres in haec verba rescripserunt . . . Sed et Volusius Maecianus, amicus noster, ut et iuris civilis praeter veterem et bene fundatum peritiam anxie diligens . . .

Q. Cervidius Scaevola, vermuthlich ebenfalls ein Schüler Iulians[215], hatte als öffentlicher Rechtslehrer[216] eine bedeutende Wirksamkeit. Von seinen Schülern sind uns verschiedene bekannt, nämlich Tryphonin[217], Papinian[218], Paulus, Ulpian, und der nachmalige Kaiser Severus[219].

Was Paulus in L. 19. D. de lib. et post. (28, 2) berichtet, hat er wahrscheinlich selbst als Schüler im Auditorium seines Lehrers gehört.

Cum quidam filiam ex asse heredem scripsisset, filioque, quem in potestate habebat, decem legasset, adiecit: 'et in cetera parte exheres mihi erit', et quaereretur, an recte exheredatus videretur, Scaevola respondit: non videri, et in disputando adiiciebat: ideo non valere, quoniam nec fundi exheres esse iussus recte exheredaretur, aliamque causam esse institutionis, quae benigne acciperetur, exheredationes autem non essent adiuvandae.

Dasselbe gilt, wie es scheint, von mehreren Mittheilungen, die Ulpian in seinen libri disputationum über Meinungen Scävolas macht.

L. 17. D. de reb. cred. (12, 1) aus Ulpians lib. I. disput. — Cum filiusfamilias viaticum suum mutuum dederit, cum studiorum causa Romae ageret, responsum est a Scaevola, extraordinario iudicio esse illi subveniendum.

L. 43. pr. D. de iure dot. (23, 2) aus lib. III. disput. — Licet soleat dos per acceptilationem constitui, tamen si ante matrimonium acceptilatio fuerit interposita nec nuptiae secutae, Scaevola ait, matrimonii causa acceptilationem interpositum non secutis nuptiis nullam esse atque ideo suo loco manere obligationem.

L. 33. pr. D. de acq. rer. dom. (41, 1) aus lib. IV. disput. — In eo quod servo castrensi ante aditam hereditatem filiifamilias militis legatur vel eo quod stipulatur servus, tractatur apud Marcellum libro vicesimo, ex cuius persona vel stipulatio vires habeat, vel legatum; et puto verius, quod et Scaevolae videtur et ipse Marcellus tractat, si quidem adeatur hereditas omnia ut in hereditario servo, si adita non sit, ut in proprio patris esse spectanda u. s. w.

L. 22. pr. D. ad Sc. Trebell. (36, 1) aus lib. V. disput. —

[215] Conradi l. c. p. 54 sqq.

[216] S. 19. 25. f.

[217] L. 12. §. 1. D. de distr. pign. (20, 5): Scaevola noster .. probavit. — L. 19. pr. D. de castr. pecul. (49, 17) ... Scaevola noster dubitabat.

[218] Spartian. Carac. 8. (oben Anm. 41).

[219] S. die vorige Anm.

. . . Scaevola divum Marcum in auditorio de huiusmodi specie iudicasse refert. Brasidas quidam Lacedaemonius, vir praetorius u. s. w.

L. 35. D. ad leg. Falc. (35, 2) aus lib. VI. disput. — Plane si quid sit praeterea legatum ipsi servo, Falcidiae locum fore senatus declaravit; unde Scaevola ait in eo, quod praeterea servo legatum est, ita Falcidiam admittendam, ut inde et quod pro servo praestandum est, sumatur.

L. 10. §. 1. D. de peric. (18, 6) aus lib. VIII. disput. — In libro VII. digestorum Iuliani Scaevola notat: fundi nomine emptor agere non potest, cum, priusquam mensura fieret, inundatione aquarum aut chasmate aliove quo casu pars fundi interierit.

Zunächst citirt Ulpian für keine dieser Aeusserungen Scaevolas eine Schrift desselben, woraus wir entnehmen dürfen, dass sie eben nicht auf schriftlicher, sondern auf mündlicher Mittheilung beruhten. Davon macht namentlich auch L. 10. §. 1. cit. keine Ausnahme, wie sich gleich ergeben wird. Jene Angaben passen ferner sehr gut für den mündlichen Unterricht. Endlich theilt Ulpian sie in einer Schrift mit, die selbst wieder aus dem Unterricht hervorgegangen ist.

Die notae des Scaevola zu Iulians Digesten, deren wir überhaupt nur zwei kennen, sind uns nur durch Ulpian überliefert. Die eine ist eben mitgetheilt worden, die andere lautet:

L. 54. D. de pact. (2, 14). Scaevola apud Iulianum libro XXII. digestorum notat: si pactus sim, ne Stichum, qui mihi debebatur, petam, non intelligitur mora mihi fieri; mortuoque Sticho puto non teneri reum, qui ante pactum moram non fecerat.

Da die vorhergehenden LL. 49—53. aus Schriften Ulpians entnommen sind, so dürfen wir behaupten, dass die jetzt als inscriptio dienenden Worte der L. 54. Scaevola . . . notat nicht erst von den Compilatoren, sondern, ebenso wie die entsprechenden in L. 10. §. 1. cit.: in libro . . . Scaevola notat, schon von Ulpian herrühren.

Damit wäre das interessante Resultat gewonnen, dass Scaevola über Iulians Digesten Vorlesungen gehalten, und dass Ulpian an denselben Theil genommen habe. Die von Scaevola bei dieser Gelegenheit gemachten notae theilte Ulpian später mit.

Ausser über Iulian, las Scaevola wahrscheinlich auch über des Marcellus Digesten, wie man aus dem Umstande schliessen darf, dass er zu diesem Werke gleichfalls notae machte. Auch diese Bemerkungen zu Marcellus hat nicht Scaevola selbst, sondern erst sein Schüler Ulpian herausgegeben und zwar gleichzeitig mit seinen eigenen notae ad Marcellum.

Dass nämlich Ulpian solche notae gemacht und edirt hat, steht fest.

L. 41. pr. D. ad leg. Aquil. (9, 2) aus Ulpians lib. XLI. ad Sabinum — ... et Marcellus libro V. digestorum dubitans neget competere; quemadmodum enim, inquit, aestimatio inibitur? Ego apud eum notavi u. s. w.

L. 11. §. 7. D. de iniur. (47, 10) aus Ulpians lib. LVII. ad edictum. — ... quod et Marcellus admittit. Ego autem apud eum notavi u. s. w.

L. 27. D. de pign. (20, 1) aus des Marcellus lib. V. digest. ... Ulpianus notat: si u. s. w.

Anderseits hat aber auch Scaevola notae zu Marcellus gemacht:

L. 56. D. ad leg. Falcid. (35, 2) aus des Marcellus lib. XXII. digest. — §. 2. Scaevola notat: quid ergo u. s. w.

Dass aber diese notae nicht von Scaevola selbst, sondern erst von Ulpian edirt worden sind, darf man aus folgenden Stellen schliessen:

L. 11. D. de donat. int. vir. (24, 1) aus Ulpians lib. XXXII. ad Sabinum. — §. 6. Consequenter Scaevola apud Marcellum notat, si u. s. w.

Vat. Fragm. §. 82. (unzweifelhaft aus Ulpians libri ad Sabinum.) Et ita Iulianus quoque lib. XXXV. dig. scribit, quamvis Scaevola apud Marcellum dubitans notet. Nam si sub condicione sit legatus, potius ex persona domini constitui usumfructum, Marcellus lib. XIII. dig. scribit; ubi Scaevola notat: quid si pure?

Ulpian hörte also bei Scaevola auch Vorlesungen über die Digesten des Marcellus, und als er später dieses Werk mit seinen Bemerkungen neu edirte, fügte er auch die notae hinzu, die Scaevola in seinen Vorlesungen dazu gemacht hatte. Seine eigenen Digesten gab Scaevola wohl als die letzte Frucht seiner systematischen Studien heraus.[220] Auch Fitting[221] vermuthet, dass dieses Werk erst während der Alleinregierung Mark Aurels erschienen sei.

Die übrige Lehrthätigkeit des Scaevola lässt sich gleichfalls aus seinen Schriften mit genügender Bestimmtheit entnehmen. So behandelte er in seinem juristischen Seminar, um mich dieses Ausdrucks zu bedienen, Civilrechtsfälle, und gab dieselben später unter dem Titel: liber singularis quaestionum publice tractatarum heraus. Für den ersten Unterricht dienten wahrscheinlich seine libri quattuor regula-

220 Die Stellen daraus bei Hommel II. p. 413—456.

221 a. a. O. S. 26.

rum,[222] die also den institutionum commentarii quattuor des Gaius entsprechen.

Scaevola war aber nicht blosser Rechtslehrer, sondern fungirte auch als Beisitzer; namentlich bediente sich Kaiser Mark Aurel seiner bei der Rechtsprechung.[223] Als Ulpian bei Scaevola hörte, war er bereits im kaiserlichen Rath.

L. 22. pr. D. ad Sc. Trebell. (36, 1) von Ulpian. — Scaevola divum Marcum in auditorio de huiusmodi specie iudicasse refert.

Dieses referre geht nämlich, wie wir oben gesehen haben, höchst wahrscheinlich auf eine in der Vorlesung gemachte Mittheilung.

Den Claudius Tryphoninus, Schüler des Scaevola,[224] haben wir ebenfalls schon als Rechtslehrer kennen gelernt.[225] Die disputationes, die er in dem publicum auditorium gehalten hatte, gaben ihm den Stoff zu seinen libri disputationum. Ausserdem schrieb er notae zu den Digesten seines Lehrers,[226] d. h. gab dieses Werk mit seinen Bemerkungen neu heraus. Die Abfassung der notae darf aber zugleich als Beweis dafür gelten, dass Tryphonin die Digesten des Scaevola seinen Vorlesungen zu Grunde gelegt hat, und zwar um so mehr, als die notae durchaus keinen tadelnden, sondern einen zustimmenden Charakter haben.

[222] Die Fragmente aus dieser Schrift bei Hommel II. p. 468 sq.

[223] Capitol. Marc. 11. Habuit secum praefectos, quorum et auctoritate et periculo semper iura dictavit; usus autem est Scaevola praecipue iuris perito. Vgl. Rudorff I. S. 186 Anm. 46.

[224] Oben Anm. 217.

[225] S. 19 ff.

[226] L. 10. D. de serv. exp. (18, 7) aus lib. VII., L. 15. §. 1. D. de alim. leg. (34, 1) aus lib. XVII., L. 16. §. 2. D. eod. aus lib. XVIII., L. 109. D. de condit. (35, 1) aus lib. XX. der Digesten des Scaevola. Ausserdem kommt noch L. 25. D. de his quae (34, 9) aus Papinians lib. XIV. responsorum in Betracht, deren §. 1 so lautet: Apud Scaevolam libro XXX. dig. Claudius notat: si vivo testatore u. s. w. Aber dass die Compilatoren diese nota des Tryphoninus aus einem Citat des Papinian genommen haben sollten, während sie dieselbe direct aus der von Tryphonin besorgten Ausgabe des Scaevola entnehmen konnten, ist doch sehr unwahrscheinlich. Vielmehr ist anzunehmen, dass es sich mit L. 25. §. 1. cit. eben so verhält, wie z. B. mit der in L. 54. D. de pact. (2, 14) mitgetheilten nota des Scaevola zu Iulian, oder wie mit den notae des Paulus zu Papinian in L. 18. D. de servit. (8, 1) u. L. 16. D. de Publ. (6, 2) oder denen des Marcellus zu Iulian in L. 5. D. de her. inst. (28, 5), L. 26. D. de condit. (39, 1) u. s. w., nämlich, dass sie als eine selbständige Stelle zu betrachten ist, die nur durch ein Missverständniss an die vorhergehende angeknüpft worden ist. Damit fiele also der von Fitting a. a. O. S. 32 aus L. 25 §. 1. cit. gezogene Schluss fort.

Gelegentlich wird Tryphonin auch als Beisitzer im Rath der Kaiser Severus und Antoninus erwähnt und zwar neben Papinian und einem sonst nicht näher bekannten Juristen Messius. [227]

Domitius Ulpianus hörte bei Scaevola namentlich über Julians und Marcellus Digesten. [228] Später trat er selbst als Rechtslehrer auf. Von seinen Schülern ist uns nur einer namentlich bekannt, nämlich Modestinus, den Ulpian selbst seinen studiosus nennt. Als Lehrer hielt er publicae disputationes, woraus sein gleichnamiges Werk hervorging, [229] und las über des Sabinus libri III iuris civilis, wahrscheinlich auch über Julians und Marcellus' Digesten und Papinians responsa. Aus diesen Vorlesungen entstanden seine libri ad Massurium Sabinum [230] und seine adnotirten Ausgaben von Marcellus Digesten und Papinians responsa. [231] Ueber seine Ausgaben von Julians und Marcellus Digesten, denen er die notae seines Lehrers Scaevola hinzufügte, haben wir schon oben gesprochen. [232]

Aus einer Bemerkung Justinians erfahren wir, dass Ulpian seine libri ad Sabinum später umgearbeitet, also eine zweite Ausgabe derselben veranstaltet hat.

Const. Cordi nobis §. 3.

In antiquis etenim libris non solum primas editiones, sed etiam secundas, quas repetitas praelectiones veteres nominabant, subsecutas esse invenimus, quod ex libris Ulpiani viri prudentissimi ad Sabinum scriptis promptum erat quaerentibus reperire.

Ulpian verfasste noch eine Reihe anderer Schulschriften, namentlich libri II institutionum, [233] libri VII regularum [234] und daneben einen liber singularis regularum, woraus uns die sog. fragmenta Ulpiani erhalten sind. Die letztgenannte Schrift sollte, wie Huschke [235]

[227] L. 50. D. de iure fisci (49, 14) aus des Paulus lib. III. decretorum. Vgl. Zimmern I. S. 364.

[228] Oben S. 54 f.

[229] Oben S. 19 ff.

[230] Hommel III. p. 459—589.

[231] Bekanntlich sind diese notae des Ulpian, eben so wie die des Paulus zu Papinian durch eine Verordnung Constantins aus dem J. 321 cassirt worden. Puchta a. a. O. I. S. 650 f. In den Digesten aber sind noch einzelne notae mitgetheilt. L. pr. 3. D. de admin. (50, 8) aus lib. I. und L. 31. §. 2. D. de neg. gest. (3, 5) aus lib. II. der responsa Papinians.

[232] S. 54 f.

[233] Hommel III. p. 411—413.

[234] Hommel III. p. 455—457.

[235] Iurisprud. ant. p. 467 sq.

annimmt, die wichtigsten Rechtsgrundsätze kurz und übersichtlich zusammenstellen und zwar vorzüglich zum Gebrauch der jungen Juristen, die ihren Rechtscursus absolvirt hatten und sich nun der Praxis zuwandten.

Ausserdem schrieb Ulpian eine Anzahl Monographien über die Obliegenheiten verschiedener Beamten, nämlich libri singulares de officio quaestoris, de officio praefecti vigilum, de officio praetoris tutelaris, ferner libri III de officio consulis, einen liber sing. de officio praefecti urbi, einen andern de officio curatoris rei publicae und libri X de officio proconsulis.[236] Hiernach lässt sich vermuthen, dass er selbst eine Reihe dieser Aemter wenn nicht als Magistrat, so doch als Beisitzer desselben, praktisch kennen gelernt hat.

In der That ist uns denn auch überliefert, dass Ulpian Beisitzer bei einem Prätor[237] und einem Präfectus prätorio gewesen und dann zu selbständigen Aemtern, nämlich dem eines Sectionschefs in der Reichskanzlei (magister scriniorum), eines Praefectus annonae und schliesslich zur Würde eines Praefectus praetorio aufgestiegen ist.[238] Da jedoch alle diese Mittheilungen einen mehr oder weniger zufälligen Charakter haben, so wissen wir nicht, welche Zwischenstufen Ulpian sonst noch durchgemacht hat.

Dass auch Julius Paulus, der bei Scaevola gehört hatte,[239] Rechtslehrer gewesen ist, beweisst ein grosser Theil seiner Schriften, die offenbar den Zwecken des Unterrichts dienen sollten, namentlich seine libri II institutionum, die libri VII regularum und der liber singularis regularum,[240] also Schriften, wie sie sich unter demselben Titel auch bei Ulpian finden. Da er ferner wenigstens 17 libri ad Sabinum,[241] libri XVIII ad Plautium[242] und libri IV ad Nera-

[236] Zimmern S. 371 f.

[237] L. 9. §. 3. D. quod met. c. (4, 2) aus Ulpians lib. I. ad edict. — ex facto scio ... praetorem me assidente interlocutum esse ... L. 8. D. de manum. vind. (40, 2) aus Ulpians lib. V. ad edict. — Ego cum in villa cum praetore fuissem, passus sum apud eum manumitti, etsi lictoris praesentia non sit.

[238] Zimmern S. 369 f. Rudorff I. S. 189 f.

[239] Oben S. 53. Vielleicht auch noch bei Africanus. Wenigstens scheint die Bemerkung: Sextus Caecilius et illam causam adiiciebat, die Paulus in L. 2. D. de donat. (24, 1) macht, auf eine mündliche Erörterung hinzuweisen.

[240] Die Fragmente aus diesen Schriften bei Hommel II. p. 109 und p. 175 sq.

[241] Hommel II. p. 196—227.

[242] Hommel II. p. 123—145.

tium[243] schrieb, ferner das Werk des Sabinus ad Vitellium neu herausgab, desgleichen notae zu Julians Digesten, zu Scaevolas[244] und Papinians responsa[245] und des letztern quaestiones[246] schrieb, also auch diese Werke neu edirte, so dürfen wir vielleicht schliessen, dass er über des Sabinus libri III iuris civilis und seinen Commentar ad Vitellium, ferner über das gleichfalls berühmte systematische Werk des Plautius und des Neratius libri VII membranarum, nicht minder aber über die andern eben genannten Werke des Julian, Scaevola und Papinian Vorlesungen gehalten hat.

Was sein Verhältniss zu Julians Digesten anbetrifft, so legte er seinen Vorlesungen nicht das ursprüngliche Werk, sondern die von Marcellus besorgte, mit vielen notae des Herausgebers versehene Ausgabe[247] zu Grunde. So entstand denn eine dritte Ausgabe, die neben dem Text auch die notae der beiden Herausgeber Marcellus und Paulus enthielt.[248]

Als Schüler des Paulus haben wir schon früher[249] mit grosser Wahrscheinlichkeit drei Juristen bezeichnen können, nämlich Latinus Largus, Nesennius Apollinaris und Licinius Rufinus.

Paulus übernahm, neben seiner Thätigkeit als Rechtslehrer, auch

[243] Hommel II. p. 120—123.

[244] L. 13. D. de inoff. test. 5, 2. L. 26. qui et a quib. D. 40, 9.

[245] L. 16. D. quae in fraud. 42, 8.

[246] L. 16. D. de Public. 6, 2. L. 18. de servit. D. 8, 1.

[247] Die notae ad Iuliani digesta bei Hommel I. p. 389—394.

[248] Vgl. ausser L. 11. D. quod met. c. (4, 2): Paulus libro IV. Iuliani digestorum notat: si quis u. s. w. L. 4. D. de rescind. vend. (8, 5): Libro VIII. digestorum Iuliani Paulus notat: si emptio u. s. w., namentlich folgende Stellen: L. 75. D. de iudic. (5, 1) aus Iulians lib. XXXVI. digest. — Si praetor iusserit eum u. s. w. Marcellus notat: si per dolum u. s. w. Paulus notat: si autem u. s. w.

L. 15. D. de mort. c. donat. (39, 6) aus Iulians lib. XXVII. digest. — Marcellus notat: ... Paulus notat: ...

L. 14. D. de in rem verso (15, 3). Iuliani libro XI. digestorum Marcellus notat: interdum u. s. w. Paulus: ergo haec quaestio u. s. w. Aus diesen Stellen, in Verbindung mit den oben citirten, ergiebt sich zugleich, dass die Compilatoren da, wo sie blos eine nota, ohne den Text, woran dieselbe sich anschloss, mittheilen wollten, bald mehr, bald weniger sorgfältig verfuhren. Nur ausnahmsweise citiren sie, wie in L. 15. cit., zunächst das adnotirte Werk selbst, um dann die nota folgen zu lassen; in der Regel bilden sie eine inscriptio, worin die Qualität der Stelle als nota und der Titel des adnotirten Werkes zusammen angegeben wird.

Von notae des Paulus zu Marcellus zu sprechen (Zimmern S. 359), ist ein blosses Missverständniss.

[249] Oben S. 31.

wohl die Geschäfte eines Advokaten[250] oder fungirte als Beisitzer. So begegnen wir ihm namentlich als consiliarius im Gericht des Präfectus prätorio Papinian.[251] Vielleicht gab diese Beschäftigung ihm die Veranlassung, Monographien de officio assessorum und dann noch speciell über einzelne besonders wichtige Obliegenheiten der Beisitzer, nämlich de conceptione formularum und de cognitionibus zu schreiben.[252]

Später wurde Paulus zur selbständigen Verwaltung von Aemtern berufen, insbesondere finden wir ihn als magister des scrinium memoriae[253] und unter Alexander als Präfectus prätorio.

Herennius Modestinus, Schüler Ulpians, verfasste eine Reihe von Schulschriften, nämlich libri X regularum,[254] libri IX differentiarum,[255] einen liber de enucleatis casibus,[256] und, wie es scheint, auch ein aus mindestens XXXI libri bestehendes Werk ad Q. Mucium.[257] Die differentiae und casus mögen leicht in Vorlesungen erörtert worden sein; wahrscheinlich las Modestin auch über Q. Mucius. Einer seiner Schüler war der im J. 238 verstorbene jüngere Maximus.[258]

Ueber Modestins Thätigkeit in der juristischen Praxis, die schon durch seine libri XIX responsorum[259] bezeugt wird, sind wir gleich-

250 L. 78. §. 6. D. de legat. III. Paulus libro II. ad Vitellium. — Cum vir ita legasset, 'quae uxoris causa parata sunt, ei do lego', ego apud praetorem fideicommissarium petebam etiam res aestimatas, quarum pretium in dotem erat, nec obtinui, quasi testator non sensisset de his rebus. Vgl. Huschke Iurisprud. p. 353.

251 Spartian. Pesc. Nig. 7. (oben Anm. 114 u. gleich Anm. 253). L. 40. D. de reb. cred. (12, 1) von Paulus. — Lecta est in auditorio Aemilii Papiniani praefecti praetorio iurisconsulti cautio huius modi .... quaesitum est .... dicebam u. s. w.

252 Vgl. oben S. 38 ff.

253 Spartian. l. c. — Pauli et Ulpiani praefecturae, qui Papiniano in consilio fuerunt ac postea, cum unus ad memoriam, alter ad libellos paruisset, statim praefecti facti sunt.

254 Hommel I. p. 465—471.

255 Hommel I. p. 453—456.

256 Hommel I. p. 490.

257 Daraus nur 2 Fragmente aus dem 14. u. 21. Buch, nämlich L. 53. u. L. 54. D. de adq. rer. dom. (41, 1). Bluhme will diese Stellen dem Pomponius zuschreiben.

258 Capitol. Maxim. iun. 1.

259 Hommel I. p. 471—482. Da in denselben auch strafrechtliche Fragen erörtert werden (Rudorff I. S. 196), so hat Modestin also auch über Strafrecht (ius publicum) respondirt. Vgl. über einen solchen Respondenten in der Provinz Anm. 317.

falls nur sehr mangelhaft unterrichtet. Vielleicht war er Beisitzer des Statthalters von Dalmatien.[260] Später begegnet er uns als praefectus vigilum, in welcher Eigenschaft er vor dem J. 244 an der Entscheidung eines Rechtstreites Theil nahm.[261]

Dafür, dass auch Aemilius Papinianus Rechtslehrer war, haben wir ein zwar verdächtiges, aber doch nicht ganz werthloses Zeugniss. In den ältesten Ausgaben der scriptores historiae Augustae findet sich nämlich Lamprid. Alex. Sev. 68 folgende Stelle:

Pomponius legum peritissimus, Alphenus, Africanus, Florentinus, Martianus, Callistratus, Hermogenes, Venuleius, Tryphonius, Metianus, Celsus, Proculus, Modestinus, hi omnes iuris professores discipuli fuere, splendidissimi Papiniani et Alexandri imperatores familiares et socii, ut scribit Acholius et Marius Maximus.

Diese Stelle fehlt in den besten Handschriften und wird deshalb von den neuern Herausgebern[262] weggelassen. Das ist denn auch in-

[260] L. 52. §. 20. D. de furt. (47, 2) von Ulpian. — Si quis asinum meum coegisset, et in equas suas τῆς γονῆς duntaxat χάριν admisisset, furti non tenetur, nisi furandi quoque animum habuit, quod et Herennio Modestino studioso meo de Dalmatia consulenti rescripsi circa equos, quibus eiusdem rei gratia subiecisse quis equas suas proponebatur, furti ita demum teneri, si furandi animo id fecisset, si minus, in factum agendum.

Dass Modestin bei Ulpian nicht 'über Dalmatien' anfragt, wie Puchta I. S. 473 meint, zeigt doch der Inhalt der Stelle deutlich genug. De Dalmatia kann also, wenn es nicht etwa in e D. zu emendiren ist, nur den Sinn haben: aus Dalmatien her. Für die Möglichkeit dieser Erklärung scheinen mir ausser der bekannten Redensart de provincia decedere (Forcellini s. v. decedere) z. B. noch folgende Stellen zu sprechen. L. 61. §. 1. D. locati (19, 2): ut de provincia Cyrenensi Aquileiam navigaret. L. 122. §. 1. D. de verb. obl. (45, 1): nec enavigasset de ea civitate. Unter dem Einfluss der griechischen Sprache scheint um diese Zeit eine gewisse Willkür im Gebrauch der lateinischen Präpositionen eingerissen zu sein.

Hielt sich also Modestin zur Zeit seiner Anfrage in Dalmatien auf, so kann er damals nicht Beisitzer Ulpians gewesen sein. Einzelne neuere Juristen, z. B. Burchardi I. S. 267 Anm. 3, Rudorff I. S. 196, möchten nämlich den Ausdruck studiosus meus in L. 52. §. 20. cit. von ihm als einem Beisitzer Ulpians verstehen.

[261] In der Inschrift über die lis fullonum heisst es nämlich: Aeli Floriani, Herenni Modestini et Faltoni Restutiani praeff. vigil. pp. vv. Dass Modestin im J. 244, in welchem das dritte Erkenntniss in diesem Prozess erging, praef. vig. gewesen sei, wie Rudorff I. S. 196 annimmt, ist ein Irrthum, der auf einer Verwechslung mit Restitutianus, dem letzten der drei Richter, zu beruhen scheint. Vgl. meine Untersuchung über den Prozess der Fullonen im N. Rhein. Mus. XXI. S. 1—49, bes. S. 39 f. u. 48.

[262] cf. ed. Jordan et Eyssenhardt (Berol. 1864) I. p. 264 n. ad l. 11 u. ed. Peter (Lips. 1865).

sofern durchaus in der Ordnung, als die Stelle nicht als von Lampridius selbst herrührend gelten kann; sie muss vielmehr an dem Rande einer Handschrift, die dem ersten Herausgeber vorlag, nachträglich hinzugefügt worden sein. Woher die Notiz geschöpft sei, ist am Schluss derselben angegeben, nämlich aus Acholius und Marius Maximus, also aus denselben Quellen, die auch Lampridius benutzt hat.[263] Da mir nun kein Grund vorzuliegen scheint, an der Richtigkeit dieser Angabe zu zweifeln, so hat die Mittheilung für uns denselben Werth, als ob sie bei Lampridius selbst stände, ein Werth, der freilich nicht eben hoch anzuschlagen ist.[264]

Was nun den Inhalt der Stelle anbetrifft, so ist derselbe zu einem grossen Theil offenbar unrichtig. Mehrere der Juristen, die hier als Schüler Papinians bezeichnet werden, haben nachweislich lange vor ihm gelebt, so Alfenus, Proculus, Celsus, Africanus; aber deshalb darf man noch nicht die ganze Nachricht ohne Weiteres über Bord werfen. In den Namen der Schüler ist ein Irrthum erklärlich; dagegen gewährt die Stelle immerhin ein Zeugniss dafür, dass Papinian überhaupt Rechtslehrer war und eine Reihe Schüler gehabt hat.

Auch die von ihm verfassten libri II definitionum[265] weisen auf seinen Charakter als Rechtslehrer hin.

Vielleicht gleichzeitig war Papinian auch praktisch thätig; jedenfalls wissen wir, dass er responsa ertheilte.[265a] Dann war er advocatus fisci[266] und, wie es scheint, Beisitzer im Gericht der praefecti praetorio[267], ferner libellorum magister[268] und schliesslich selbst praefectus praetorio[269]. In dieser Eigenschaft wählte er sich Ulpian und Paulus zu Beisitzern[270].

263 cf. Alex. Sev. 48.

264 Lampridius verwechselt z. B. Heliog. 16. den Massurius Sabinus und den Freund des Alexander Severus. Vgl. Puchta I. S. 459 Anm. x.

265 Hommel I. p. 518—521.

265a L. 2. D. de pact. dot. (23, 4) von Ulpian. — Papinianus Juniano Praetori respondit. . . . .

266 Spartian. Carac. 8. — Papinianum . . . memoriae traditur . . . Severo in advocatione fisci successisse.

267 L. 3. §. 3. D. de usur. (22, 1) aus Papinians lib. XX. quaest. — praefectis praetorio suasi u. s. w. Vgl. übrigens oben S. 44.

268 L. 12. pr. D. de distr. pign. (20, 5). — Rescriptum est ab imperatore, libellos agente Papiniano, ...

269 L. 40. D. de reb. cred. (12, 1) von Paulus. — Lecta est in auditorio Aemilii Papiniani praefecti praetorio iuris consulti cautio huiusmodi. — Es bleibt vielleicht zu erwägen, ob unter dem auditorium, wovon Paulus hier redet, wirklich das Gericht des praefectus praetorio zu verstehen sei. Geht man nämlich von dieser Voraussetzung aus, so erscheint es auffallend,

Sämmtliche Juristen, von denen wir bisher gesprochen haben, waren nicht bloss Professoren, sondern auch Praktiker, wenn nicht beides zu gleicher Zeit, so doch in verschiedenen Lebensabschnitten. Aber auch wenn ein Rechtslehrer sich später der Magistratur widmete, setzte er nichtsdestoweniger seine litterarische Thätigkeit fort. Julian z. B. gab seine Digesten erst heraus, nachdem er bereits Prätor und Consul gewesen war[271]. Es stand indess wohl nichts im Wege, wenn ein Rechtslehrer, der in den praktischen Staatsdienst übergegangen ist, schliesslich zu seiner Lehrthätigkeit zurückkehrte[272]. Inwiefern dies bei dem einen oder andern jener Juristen wirklich der Fall war, darüber lässt sich nichts Bestimmtes ermitteln.

Es gab aber auch Rechtslehrer, die sich ausschliesslich dem Rechtsunterricht widmeten. Ein Beispiel ist namentlich G a i u s. Was

dass der consiliarius, der neben Paulus sich über die cautio äusserte, so formlos als quidam oder ille bezeichnet wird (quaesitum est ... dicebam. ... quidam dicebant oder dicebat ... ille putabat). Unter diesem quidam den Ulpian zu verstehen, und anzunehmen, Paulus und Ulpian hätten mit einander auf gespanntem Fuss gestanden, ist ein Einfall, für den sich weiter nichts anführen lässt. Vgl. Schulting Jurispr. p. 200 sq. p. 558 n. 3. Hallische Beiträge II. p. 230. Sonach könnte man geneigt sein, an eine Debatte in einem öffentlichen Auditorium zu denken. Bei dieser Erklärung wäre aber noch eine doppelte Verbindung der Eingangsworte denkbar, nämlich entweder: in auditorio Aemilii Papiniani praefecti praetorio iuris consulti oder: Aemilii Papiniani praefecti praetorio iuris consulti cautio. In dem ersten Falle würde von dem Auditorium des j e t z i g e n Präfectus Prätorio, a l s e r noch blosser iuris consultus w a r, in dem andern von einer von Papinian abgefassten, in dem Auditorium des Paulus vorgelegten cautio die Rede sein. Gegen jene Auffassung spricht ihre Gezwungenheit, für diese noch L. 4. C. de contr. stip. (8, 38): responsum Domitii Ulpiani praefecti annonae iuris consulti. Aber trotzdem wage ich diese Erklärung nicht aufzustellen.

270 Spart. Pesc. Nig. 7. — Pauli et Ulpiani praefecturae, qui Papiniano in consilio fuerunt.

271 L. 5. D. de manum. vind. (40, 2) aus Iulians libr. XLII. digest. — et in praetura et consulatu meo quosdam ex servis meis vindicta liberavi.

272 L. 9. C. de advoc. (2, 7). Impp. Theodosius et Valentianus AA. Apollonio P. P. — Si quis de togatis fori celsitudinis tuae vel Illyricianae seu urbicariae praefecturae, sive de his qui in provincialibus iudiciis causarum patrocinium profitentur, electione tuae sedis regendae provinciae munus potestatemque susceperit, post peractam integre ac sine ulla opinionis labe administrationem, ad illud officium, unde abstractus est, et unde sibi vitae subsidia comparabat, remeandi habeat facultatem nec causas orare denuo quadam prohibeatur invidia (a. 442).

Wenn diese Constitution auch einer viel spätern Zeit angehört und sich auf die Rückkehr zur Advokatur bezieht, so lässt sie doch wohl einen Schluss auf die Professur zu.

für Meinungen auch sonst über diesen Juristen aufgestellt worden sein mögen, darin ist man jetzt allgemein einverstanden, dass er ein Rechtslehrer gewesen sei. Selbst Puchta[273] erklärt es für nicht unwahrscheinlich, dass Gaius eine Rechtsschule gehalten habe.

Die Beweise für die Lehrthätigkeit des Gaius liegen in seinen Schriften. Dieselben haben wesentlich die Schule und deren Bedürfnisse im Auge. Das gilt nicht nur von den institutionum commentarii IV und den rerum quotidianarum libri VII[274], von den libri VI ad legem XII tabularun und den libri XV ad legem Iuliam et Papiam, von den libri regularum und dem liber singularis regularum, sondern auch von den libri ex Q. Mucio[275] und dem liber singularis de casibus, ja, wie Huschke[276] hervorhebt, auch von den libri X ad edictum urbicum.

Seine übrigen Schriften sind gewissermassen als Supplemente zum Edictscommentar zu betrachten. So die libri II fideicommissorum und die libri III de manumissionibus, da Gaius in jenem Commentar nur de legatis und de liberali causa gehandelt hatte, ferner die libri de verborum obligationibus, da in dem Edictscommentar nur von den praetoriae stipulationes die Rede war u. s. w.[277].

Charakteristisch ist die Art und Weise, wie Gaius seine Institutionen und seinen Edictscommentar publicirte. Die vier Bücher der erstgenannten Schrift, deren Publication gegen das Ende seiner schriftstellerischen Laufbahn fällt,[278] gab er nämlich wahrscheinlich einzeln

[273] I. S. 461.

[274] Quotidiana sind Dinge, die alle Tage vorkommen. Vgl. L. 25. pr. D. de lib. leg. (34, 3) von Paulus. — quotidiana enim sunt. L. 44. pr. D. de usurp. (41, 3) von Papinian. — propter assiduam et quotidianam comparationem servorum. Der Titel aurea oder libri aureorum rührt ohne Zweifel von den Verehrern des Buches, also wahrscheinlich von den Studenten her. Vgl. Zimmern S. 348 f.

Das Verhältniss dieses Werkes zu den institutiones bestimmt Huschke Jurisprud. p. 87 dahin, dass sich die Studenten, die bereits Institutionen gehört hatten, mit Hülfe der libri rerum quotidianarum für sich genauer unterrichten sollten.

[275] Huschke l. c. p. 92: Etiam libros ex Q. Mucio Gaium in scholarum usum scripsisse certe probabile est. Nam cum ad eos quoque iuxta edicti interpretationem lectorem ablegat, quasi promulsidis loco aliquid addens verbis 'hoc solum tantisper sufficit admonuisse' (1, 188. cf. 2, 97), nonne discipulos videtur respicere ex illis libris postea uberius instruendos?

[276] l. c. p. 88.

[277] Huschke p. 87 sq.

[278] Mommsen a. a. O. S. 14.

nach einander heraus;[279] den Commentar ad edictum urbicum aber publicirte er, wie Huschke[280] scharfsinnig ausführt, in einer doppelten Ausgabe, nicht nur als Ganzes unter dem angegebenen Titel, sondern auch stückweise, wobei die einzelnen Abschnitte ihre besonderen Titel erhielten. Diese zweite Art der Publication geschah mit Rücksicht auf die Schüler oder war vielmehr eine einfache Consequenz des Unterrichts, da das Edict nicht vollständig, sondern nur nach seinen wichtigsten Bestimmungen erklärt werden konnte.

Aus den Vorträgen über einzelne Materien, die Gaius im ersten Unterrichtsjahr nach Absolvirung der Institutionen erläuterte, entstanden die Monographien de re uxoria,[281] de tutelis,[282] de testamentis und de legatis.[283] Das sind die bekannten libri singulares, von denen noch Justinian redet.

Die libri, die Gaius ex Mucio gemacht hatte, waren eine aus seinen Vorlesungen hervorgegangene, die neuere Rechtsentwickelung berücksichtigende Umarbeitung des berühmten Civilrechtssystems.

Bestritten ist, so viel hier in Betracht kommt, nur, ob Gaius das ius respondendi gehabt habe, wie namentlich Huschke[284] behauptet, oder ob er ein blosser Gelehrter gewesen sei, wie z. B. Puchta annimmt. Ich halte die letztere Meinung für unzweifelhaft richtig. „Das Sichere, was wir festzuhalten haben," sagt Puchta mit Recht, „ist, dass er von den Juristen nach ihm nicht citirt wird; dies ist bei einem fruchtbaren und gebrauchten Schriftsteller unerklärlich, wenn er eine Autorität, ganz natürlich, wenn er ein blosser Gelehrter war, von dem man etwas lernen, aber durch dessen Anführung man nicht auf die Praxis wirken konnte. . . . Damit stimmt überein, dass unter seinen Schriften mannichfacher Art keine responsa, quaestiones u. dgl. vorkommen, dagegen ein liber de casibus, worin er bemerkenswerthe Fälle, keine von ihm selbst entschiedene und zum Theil blos fin-

[279] Huschke l. c. p. 95.

[280] l. c. p. 88 sq.

[281] Identisch mit dem Dotalicion β. εν des Ind. Florent. Zimmern S. 350. Huschke l. c. p. 90.

[282] Cf. Gai. Inst. I, 188.

[283] Daher lib. I., II. de testamentis ad edictum praetoris urbani, und lib. I., II. u. III. de legatis ad edict. praet. urb. Huschke p. 89 n. 14.

[284] Jurisprud. p. 87.

[285] a. a. O. I. S. 461. Mommsen Jahrb. von Bekker u. Muther III. S. 4 behauptet sogar, Gaius habe das Recht zu respondiren gar nicht einmal erwerben können. Ueber den Grund dieser Behauptung vgl. unten S. 71. f.

girte, zusammenstellte."[286] Auch Huschke[287] giebt zu, dass Gaius von seinem ius respondendi keinen Gebrauch gemacht, sondern sich lieber mit dem Unterricht und der Theorie beschäftigt habe. So müssen es also wohl zwingende Gründe sein, die Huschke dennoch an das ius respondendi des Gaius glauben machen.

Für entscheidend sieht er den Umstand an, dass Gaius in den Digesten benutzt worden sei, während Justinian doch den Compilatoren den Auftrag ertheilt habe, nur solche Schriftsteller zu excerpiren, quibus auctoritatem conscribendarum interpretendarumque legum sacratissimi principes praebuissent.[288]

Aber Huschke ignorirt dabei das s. g. Citirgesetz, wodurch Gaius gewissermassen nachträglich das ius respondendi erhalten hat. Gaius kommt in diesem Gesetz,[289] wie Puchta[290] hervorhebt, „nicht bloss in der Reihe der Juristen vor, deren Autorität bestätigt wird, sondern es wird ihm nachher noch besonders und nachdrücklich diese Autorität beigelegt. Dies zeigt, dass in Beziehung auf ihn die Ertheilung der Gesetzeskraft etwas Neues war, was denn vollkommen mit dem übereinstimmt, was auch aus andern Gründen vermuthet worden ist. Er war einer der verbreitetsten Schriftsteller; man brauchte ihn ohne Zweifel damals auch in den Gerichten; gegen diesen Gebrauch waren Zweifel erhoben worden; der Gesetzgeber schlägt sie, wahrscheinlich zu grosser Genugthuung aller Studirenden und Justizbeamten seiner Zeit, ein für allemal nieder."[291]

Auf diese Weise vereinigen sich also die beiden Thatsachen, die auch Asher[292] als „entgegengesetzte" bezeichnet, nämlich „dass Gaius einerseits offenbar nicht respondirt hat und dass er anderseits von den Compilatoren als respondirender Jurist betrachtet wurde", auf vollständig befriedigende Weise.

[286] Richtiger sagen Rudorff I. S. 166 u. Mommsen a. a. O. S. 4 Anm. 9, dass der liber de casibus überhaupt keine Rechtsfälle, sondern Ausnahmefälle von den Rechtsregeln zusammenstellte, also eine Art Corollar zu dem liber regularum war.

[287] l. c. p. 93 sq.

[288] L. 1. §. 4. C. de vet. iure enucl. (1, 17).

[289] L. 3. C. Th. de respond. prud. (1, 4) aus dem J. 426. — Papiniani, Pauli, Gaii, Ulpiani atque Modestini scripta universa firmamus ita ut Gaium quae Paulum, Ulpianum et cunctos comitetur auctoritas lectionesque ex omni eius opere recitentur ...

[290] I. S. 657 f.

[291] Vgl. Mommsen a. a. O. S. 13. Glasson (unten Anm. 341) p. 107.

[292] a. a. O. S. 86.

Aelius Marcianus fordert unwillkürlich zu einer Vergleichung mit Gaius heraus. Dass er, wie dieser, Rechtslehrer war, zeigt seine litterarische Thätigkeit. Vor Allem schrieb er Institutionen und zwar von grosser Ausführlichkeit (16 libri), in denen anhangsweise auch das ius extraordinarium (Strafrecht, Fiscalrecht und Kriegsrecht) dargestellt wurde, ferner regularum libri V und eine Reihe von Monographien über Civilrecht (lib. sing. ad formulam hypothecariam), Prozess (de appellationibus libri II) und über Strafrecht (de publicis iudiciis libri II, lib. sing. de delatoribus und ad Sc. Turpilianum).[293] Ausserdem machte er notae zu Papinians Schrift de adulteriis,[294] was wieder so zu verstehen ist, dass er dieselbe mit seinen Bemerkungen neu herausgab.

Nach dieser litterarischen Thätigkeit lässt sich auch die Lehrthätigkeit des Marcian bestimmen. Dieselbe war insofern umfassender, als die des Gaius, als sie sich nicht auf das Privatrecht beschränkte, sondern sich auch dem Strafrecht zuwandte. Im Uebrigen aber hat sie mit der des Gaius eine auffallende Verwandtschaft, und zwar nicht nur in dem, was beide geschrieben (institutiones, regulae, ad formulam hypothecariam), sondern auch in dem, was sie nicht geschrieben haben. Von quaestiones, responsa, epistolae und digesta ist bei ihnen keine Rede.[295]

Wenn man sonach versucht sein könnte, auch unsern Marcian, der nicht mit andern Personen desselben Namens zu verwechseln ist,[296] für einen blossen Rechtslehrer zu halten, so steht doch dieser Annahme entgegen, dass Marcian in den Pandekten benutzt ist, ein Umstand, der hier nicht wie bei Gaius beseitigt werden kann.

---

[293] Die Fragmente aus diesen Schriften bei Hommel I. p. 399—436.

[294] L. 57. §. 1. D. de ritu nupt. (23, 2). L. 7. §. 1. D. ad leg. Iul. (48, 5), Stellen, in denen es gleichmässig heisst: In libro II. de adulteriis Papiniani Marcianus notat. L. 57. u. L. 7. selbst ist überschrieben: Marcianus libro II. u. libro X. institutionum. Unzweifelhaft sind die jetzt als Bestandtheile dieser Fragmente erscheinenden §§. 1 nicht aus Marcians Institutionen, sondern aus seiner Ausgabe von Papinians Schrift de adulteriis entnommen und erst von den Compilatoren aus seinen Institutionen an jene Stellen angehängt.

[295] Digesten werden dem Marcian nur aus einem Versehen zugeschrieben. In L. 17. D. de fundo dot. (23, 5), eine Stelle, die nach der Flor. die inscriptio hat: Marcianus lib. VII. digestorum ist vielmehr Marcellus zu lesen. Zimmern I. S. 381 Anm. 20. Rudorff I. S. 198 Anm. 18.

[296] Zimmern S. 381.

V. Die Sabinianer und Proculianer.

Zur Zeit des Gellius (um 150 n. Chr.) gab es in Rom eine grössere Zahl von stationes ius publice docentium aut respondentium.[297] Ueber das numerische Verhältniss der stationes, in denen docirt, zu den andern, in denen respondirt wurde, ist uns nichts näheres überliefert; doch möchte ich vermuthen, dass es eine längere Zeit nur zwei stationes ius publice docentium gegeben habe, nämlich eine schola Cassiana[298] oder Sabiniana und eine schola Proculiana. Es scheint mir nämlich ungerechtfertigt, die beiden Schulen, von denen zur Zeit der klassischen Juristen so viel die Rede ist, ohne Weiteres von wissenschaftliche 'Parteien' zu verstehen.[299]

Wenn Gaius der nostra schola die diversa schola und den nostrae scholae auctores oder nostri praeceptores die diversae scholae auctores entgegenstellt, so bezeichnet nostra schola nur die statio, worin er unterrichtet worden ist, im Unterschied von der andern noch daneben bestehenden (diversa schola).

Bereits Andere[300] haben hervorgehoben, dass die zwischen Sabinianern und Proculianern verhandelten Controversen nicht sowohl durch Schriften als vielmehr durch mündliche Mittheilung, oder bestimmter durch förmlichen Rechtsunterricht fortgepflanzt worden seien. Mit Recht aber geht Schrader[301] noch einen Schritt weiter und nimmt an, dass die beiden wissenschaftlichen Parteien mit zwei verschiedenen Lehranstalten zusammenhängen.

Nur so erklärt sich denn auch, so viel ich sehe, die successio auctorum, von der Pomponius in seinem Abriss der römischen Rechtsgeschichte spricht oder die successio prudentium, wie es in der Rubrik des betreffenden Pandektentitels heisst.

L. 2. §. 13. D. de origine iuris et omnium magistratuum et successione prudentium (1, 2). — Post originem iuris et processum cognitum consequens est, ut de magistratuum nominibus et origine cognoscamus . . . post hoc dein de auctorum successione dicemus.

Nachdem nun Pomponius von den römischen Juristen zur Zeit der Republik in chronologischer Folge gesprochen, dabei aber niemals den Ausdruck succedere gebraucht hat, fährt er §. 47 so fort:

[297] Gell. XIII, 13. in plerisque Romae stationibus.
[298] Diesen Ausdruck gebraucht Plinius ep. 7, 24.
[299] Z. B. Puchta I. S. 447, Rudorff I. S. 166.
[300] Zimmern I. S. 247 u. 251.
[301] Heidelb. Jahrbücher 1823. S. 979. Vgl. Hugo S. 832 f. 835.

Post hunc (sc. Tuberonem) maximae auctoritatis fuerunt Ateius Capito ... et Antistius Labeo. Hi duo primum veluti diversas sectas fecerunt; nam Ateius Capito in his quae ei tradita fuerant, perseverabat; Labeo ingenii qualilate et fiducia doctrinae, qui et ceteris operis sapientiae operam dederat, plurima innovare instituit. Et ita Ateio Capitoni Massurius Sabinus successit, Labeoni Nervae ... Huic (Sabino) successit Gaius Cassius Longinus ... Nervae successit Proculus ... Cassio Caelius Sabinus successit ... Proculo Pegasus ... Caelio Sabino Priscus Iavolenus; Pegaso Celsus; patri Celso Celsus filius et Priscus Neratius ... Iavoleno Prisco Aburnus Valens et Tuscianus, item Salvius Iulianus.

Wie soll man dieses successit verstehen? Rudorff[302] sagt unzweifelhaft mit Recht, es könne „weder auf den Eintritt in den Staatsrath, noch auf die Berufung zum iurisconsultus", worunter er „die Concession des ius respondendi" versteht, bezogen werden. Will Pomponius vielleicht nur sagen, der als successor eines andern bezeichnete Jurist sei dessen Schüler? Aber es erscheint doch unglaublich, dass alle jene Juristen nur einen einzigen Schüler gehabt haben sollten. Man stellt denn auch in der That eine andere Erklärung auf: die als successores bezeichneten Juristen sollen nach einander die Repräsentanten der einen oder andern Schule gewesen sein.[303] Aber wenn man nun auf die Frage, wovon es abhängt, dass Jemand als ein solcher Repräsentant erscheine, die Antwort geben will, von seiner hervorstechenden Tüchtigkeit, so erscheint es doch wieder sehr auffallend, dass immer nur ein einziger diese Eigenschaft besessen haben soll. Wollte man aber auch an diesem Umstande keinen Anstoss nehmen, so wird doch jene Erklärung dem Ausdrucke succedere unleugbar nicht gerecht. Ein bestimmter Jurist erscheint als successor eines bestimmten andern, und zwar wiederholt sich diese Erscheinung auf beiden Seiten, auf der der Proculianer wie der der Sabinianer. Es ist keine blos wissenschaftliche Nachfolge, sondern auch eine zeitliche Aufeinanderfolge, bei der ausser dem Verhältniss des Schülers zum Lehrer noch ein anderes zu Grunde liegen muss.

[302] Zeitschr. f. geschichtl. R.-W. XII. S. 338.

[303] Z. B. Rudorff a. a. O. Derselbe bezieht, um seinen eigenen Ausdruck zu gebrauchen, die successio auf 'das successive Hervortreten der Häupter der beiden Schulen. Nach dieser Erklärung heisst z. B. Nervae successit Proculus nur: nach Nerva trat Proculus auf der Seite des Labeo hervor; dieses Hervortreten ist etwas Allmähliches; es kann erst längere Zeit nach dem Tode des Nerva anerkannt sein' ,..

Meines Erachtens kann es nicht wohl einem Zweifel unterliegen, dass Pomponius in jener Darstellung die Juristen angeben will, die in der einen oder andern statio nach einander als Rechtslehrer aufgetreten sind. Ueberhaupt alle bedeutenden Juristen aufzuzählen, war gar nicht die Meinung des Pomponius. Wie er vor Entstehung des wissenschaftlichen Gegensatzes nur diejenigen Juristen namhaft macht, die als Schriftsteller eine Bedeutung erlangt haben,[304] so nennt er nach Entstehung der beiden Schulen nur diejenigen Juristen, die als praeceptores in der statio des Sabinus oder in der des Proculus aufgetreten sind.

Im Wesentlichen hat schon Schrader dieselbe Erklärung aufgestellt. „Unter den verschiedenen juristischen stationes in Rom", so sagt derselbe,[305] „zeichneten sich zwei, die des Labeo und Capito aus; Schüler dieser grossen Männer traten in denselben stationes an ihre Stelle; so blühten eine Reihe von Lehrergenerationen hindurch diese stationes vor andern. Es waren mit andern Worten diese Schulen getrennte Lehranstalten, in welchen mehrere Generationen hindurch der Schüler dem Lehrer folgte."

Also alle jene von Pomponius namhaft gemachten Juristen wären Rechtslehrer gewesen, nämlich Ateius Capito, Massurius Sabinus, Gaius Cassius Longinus, Caelius Sabinus, Priscus Javolenus, Aburnus Valens, Tuscianus und Salvius Julianus auf der einen, Antistius Labeo, Nerva, Proculus, Pegasus, Celsus pater und filius, Priscus Neratius auf der andern Seite? Ich sehe nichts, was dieser Annahme entgegen stände; im Gegentheil stimmt sie aufs beste mit dem überein, was wir schon aus andern Gründen angenommen haben. Massurius Sabinus, Javolenus und Julianus haben wir bereits als Rechtslehrer kennen gelernt.[306] Dass ferner Ateius Capito, der eigentliche Begründer der Sabinianischen Schule, ferner Gaius Cassius Longinus, von dem sie den Namen Cassiana schola,[307] und Caelius Sabinus, der es vielleicht war, von dem sie ihren bekannteren Namen erhielt, ebenfalls Rechtslehrer waren, kann keinem Zweifel unterliegen. Von Aburnus Valens und Tuscianus endlich ist uns überhaupt so gut wie Nichts überliefert.[308]

304 Vergl. Zimmern S. 280 und 293.

305 a. a. O. vgl. Burchardi I. S. 265 Anm. 6, der bemerkt, dass die in L. 2. §. 47. cit. Genannten 'nur als die Hauptstimmführer und Lehrer betrachtet werden dürfen.'

306 Vgl. oben S. 17. 32. 48 f.

307 Plinius ep. 7, 24. domus ... C. Cassi, huius qui Cassianae scholae princeps et parens fuit ...

308 Vgl. Zimmern S. 334 f.

Was die in Rede stehenden Proculianer anbetrifft, so ist uns Antistius Labeo schon früher[309] als Rechtslehrer begegnet; Schüler von ihm waren z. B. Nerva und Proculus. Dass auch der letztere Rechtslehrer war, geht aus dem Umstande hervor, dass er der Schule den Namen gegeben hat. Ausserdem erscheint Urseius Ferox als sein Schüler, insofern er mündliche Aeusserungen des Proculus mittheilt.[310] Neratius Priscus verräth sich als Docenten durch seine regulae,[311] als Respondenten durch seine responsa.[312] Von den übrigen wissen wir nichts, was hier als Handhabe dienen könnte.

Der Umstand, dass die beiden Schulen ihren Namen nicht von Capito und Labeo, sondern erst von spätern Juristen erhalten haben, mag leicht damit zusammenhängen, dass diese Juristen die ersten waren, die in einer festen statio Unterricht ertheilten. Statio ist nämlich ein Raum, in dem sich Jemand ausser seinem Hause für den Betrieb irgend eines Geschäfts aufzuhalten pflegt.[313]

VI. Die Schulen und Professoren in der Provinz.

Stationes ius publice docentium aut respondentium gab es nicht nur in Rom, wovon Gellius es zunächst bezeugt,[314] sondern auch in den Provinzen. Modestin[315] spricht ausdrücklich von νόμων διδάσκαλοι ἐν ἐπαρχίᾳ διδάσκοντες, die nicht, wie die Rechtslehrer in Rom, von Uebernahme der Vormundschaft frei seien, und auch Ulpian versteht in Vat. fragm. §. 150 unter den hi qui ius civile docent, und in L. 1. §. 5. de extr. cogn. (50, 13) unter den iuris civilis professores, wie der Zusammenhang lehrt, die Rechtslehrer in der Provinz.

Diese Professoren werden, wie die in Rom, in der Regel nicht blos docirt, sondern auch respondirt haben. Mommsen[316] behauptet freilich, es stehe empirisch fest, dass nur in Rom respondirt worden und die respondirenden Juristen durchgängig in der Haupt-

[309] Oben S. 17 u. 47.

[310] L. 27. §. 1. D. ad leg. Aquit. (9, 2). — et ita Proculum existimasse Urseius refert. L. 11. §. 2. D. de aqua (39, 3). — apud Ferocem Proculus ait, si u. s. w.

[311] Hommel I. p. 507 sq.

[312] Hommel I. p. 508—510.

[313] Vgl. Puchta I. S. 487 Anm. k.

[314] Hugo Gesch. des röm. Rechts (11. Aufl.) S. 831 Anm. 3 hält sogar das Romae bei Gellius für verdächtig, aber ohne Grund.

[315] L. 6. §. 12. D. de excus. (27, 1). — Νόμων δὲ διδάσκαλοι ἐν ἐπαρχίᾳ διδάσκοντες ἄφεσιν οὐκ ἕξουσιν· ἐν Ῥώμῃ δὲ διδάσκοντες ἀφίενται.

[316] Jahrb. III. S. 4.

stadt ansässig gewesen seien, ohne dass er es für nöthig hält, „zu entwickeln, durch welche staatsrechtliche Nothwendigkeit das Respondiren auf Rom beschränkt war.“ Aber ich wüsste nicht, wie jene Thatsache festgestellt sein sollte, da es an einer Untersuchung der Frage, wo denn alle oben besprochenen Juristen gelebt und gelehrt haben, noch gänzlich fehlt. Ausserdem aber wird Mommsens Behauptung widerlegt durch eine Bemerkung bei Fronto,[317] der von einem vir consularis ius publicum respondens in Cirta redet. Wäre es aber auch richtig, dass das ius respondendi auf Rom beschränkt gewesen sei, so würde damit doch noch immer nichts gegen das publice respondere in der Provinz bewiesen sein. Beides sind, wie wir oben gesehen haben, zwar vielfach mit einander verwechselte, aber doch genau zu trennende Dinge.[318]

Rechtsschulen aber gab es ausser in Rom vor Allem in der von Augustus gegründeten Colonie Beryt in Phönicien, ferner in Alexandria, in Caesarea in Cappadocien und in Athen,[319] aber auch noch an manchen andern Orten,[320] namentlich da, wo die römischen Statthalter residirten.[321]

Von diesen Rechtschulen bestanden die zu Caesarea und zu Beryt nachweislich schon frühe. Gregorius Thaumaturgus, Bischof von Neu-Caesarea, erzählt in einer um das Jahr 239 oder 240 geschrie-

[317] Epist. ad amic. II., 10. Die leider verstümmelte Stelle, deren Nachweis ich Huschke Iurispr. p. 86 verdanke, lautet (ed. Naber Lips. 1867): nec ... nere quantus ... nostra ... virum popularem habeamus et virum consularem ius publicum respondentem. Ego quoque ut spero, quoad aetatis vis viguit, in officiis civilibus non obscure versatus sum. Alii quoque plurimi sunt in senatu Cirtenses clarissimi viri. Unter ius publicum ist wohl namentlich das Strafrecht zu verstehen.

[318] Vgl. oben S. 10 f.

[319] Ueber Alexandria und Caesarea s. die const. Omnem reipubl. §. 7, wodurch alle Rechtsschulen ausser der in Rom, Constantinopel und Beryt verboten wurden: audivimus etiam in Alexandrina splendidissima civitate et in Caesariensium et in aliis quosdam imperitos homines devagari et doctrinam discipulis adulterinam tradere ... reiiciantur ab ea civitate, in qua non leges docent, sed in leges committunt; über Athen s. die griechischen Chronisten bei Biener Gesch. der Novellen S. 44 u. 581. Schon vor Iustinian waren jene Rechtsschulen verboten worden. Const. cit. ... quod iam et a retro principibus constitutum est.

[320] Const. cit.: et in aliis. Die von Walter §. 399 noch angeführte L. 6. C. de prof. et med. (10, 2) von Constantin aus dem J. 321 gehört nicht hierher, da in dieser Stelle nicht legum doctores, sondern einfach doctores zu lesen ist. Vgl. Herrmann ad h. l.

[321] Modestin in L. 6. §. 12. cit. ἐν ἐπαρχίᾳ διδάσκοντες. Vgl. Burchardi Lehrb. I. S. 263.

benen Rede, er habe in Cappadocien angefangen, lateinisch zu lernen und römisches Recht zu studiren, dann sei er nach Beryt gegangen,[322] das er bezeichnet als πόλις ῥωμαϊκωτέρα πως καὶ τῶν νόμων τούτων εἶναι πιστευθεῖσα παιδευτήριον. Unter der Rechtsschule in Cappadocien aber versteht Gregorius ohne Zweifel Caesarea. Da er nun von seiner Jugendzeit spricht, so müssen beide Rechtsschulen, sowohl die in Caesarea als in Beryt, schon bald nach 200 bestanden haben. Rudorff[323] vermuthet, die Rechtsschule zu Beryt sei von Hadrian, wenn nicht gar schon von Augustus gegründet worden.

Zu den übrigen nicht namhaft gemachten Städten, in denen es gleichfalls Rechtsschulen gab, gehört aller Wahrscheinlichkeit nach Carthago, bis zur Einnahme durch die Vandalen die zweite Stadt im Westen, berühmt als ein Hauptsitz der grammatischen und rhetorischen Studien und als Sammelplatz der Gelehrten.[324]

So erhebt sich also nothwendig die Frage, ob nicht einzelne der früher besprochenen Juristen aus der Provinz stammen und in der einen oder andern jener Provinzialstädte als Rechtslehrer aufgetreten seien. Unleugbar hat die Bejahung dieser Frage eine grosse Wahrscheinlichkeit für sich. Siedelte ein solcher Provinzialprofessor etwa später nach Rom über, so stand ihm seine Abstammung in keiner Hinsicht im Wege.

Schon zu Anfang der Kaiserzeit war die Bevölkerung der Stadt Rom ein Gemisch aus allen Nationalitäten. Zu der unaufhörlichen Einführung von Sclaven, von denen Jahr aus Jahr ein Hunderte, ja Tausende die Freiheit erhielten, kam die massenhafte Einwanderung von Freien aus allen Provinzen, besonders aus den südlichen und östlichen. Hatten sich schon zu Ende der Republik die griechischen Wissenschaften und Künste nach Ciceros[325] Ausdruck nicht in dürftigen Bächen, sondern in vollen Strömen über die Stadt ergossen, so klagte man

[322] Or. paneg. ad Orig. (opp. ed. Gerard. Vossius 1603) pag. 186 sq. Marquardt III., 1 Anm. 2097. Bernhardy Griech. Litteratur (3. Aufl.) I. S. 647.

[323] I. S. 310.

[324] Bernhardy Röm. Litteratur (4. Aufl.) S. 86 u. Anm. 53 u. 67. Appuleius aus Madaura, einem andern Studiensitze in Afrika, rühmt (Flor. 4, 20) von Carthago: Quae autem maior laus aut certior quam Carthagini benedicere, ubi tota civitas eruditissimi estis, penes quos omnem disciplinam pueri discunt, iuvenes ostentant, senes docent? Carthago provinciae nostrae magistra venerabilis, Carthago Africae musa coelestis, Carthago Camena togatorum.

[325] de republ. 2, 19. non tenuis quidam e Graecia rivulus, sed abundantissimus amnis illarum disciplinarum et artium in urbem induxit.

zu Anfang des zweiten Jahrhunderts, Rom sei eine griechische Stadt geworden. Indess stammte nur der geringste Theil der griechisch redenden Eindringlinge wirklich aus Hellas; die überwiegende Mehrzahl kam aus Kleinasien und dem Orient; es war gleichsam 'der ganze Orontes (der Hauptfluss Syriens) in den Tiber eingeströmt'[326].

Natürlich konnte den Provinzialen, so gering sie auch Anfangs von den Römern angesehen wurden, der Zutritt zu den Aemtern bald nicht mehr verschlossen werden. Schon im J. 40 v. Chr. war ein Ausländer zum Consulat gelangt, wenn auch nur als Ersatzmann, nämlich der Spanier Balbus aus Gades. Auch Männer aus dem narbonensischen Gallien gelangten schon in der ersten Kaiserzeit zahlreich zu senatorischen Aemtern. Einen stärkeren Zusatz aus den Provinzen erhielt der Senat durch Vespasian; von nun an zog er mehr und mehr aus ihnen seine beste Kraft; und seit ein Spanier, Trajan, den Kaiserthron bestiegen hatte, musste wenigstens die laute Opposition der Römer gegen die Provinzialen aus den westlichen Ländern verstummen. Unter Trajan bekleidete im J. 115 ein maurischer Fürst, Q. Lucius Quietus, das Consulat. Auch Griechen und Orientalen konnten nicht länger ausgeschlossen werden, obgleich gegen diese die Antipathie stärker war. Doch gewannen seit dem Anfang des zweiten Jahrhunderts auch die Angesehensten aus diesen Ländern Zutritt zum Senat, am spätesten, nämlich erst unter Caracalla, die Aegypter[327].

Die Kaiser des dritten Jahrhunderts stammten selbst aus dem üppigen Syrien, dem phantastischen Afrika, dem kriegerischen Illyricum; mehrere derselben aus halbbarischen Provinzen[328]. Dem Kaiser Septimius Severus hörte man bis in sein Alter seine Abkunft aus Africa an, und seine Schwester konnte sich nur schwer in lateinischer Sprache ausdrücken[329].

Wie lebhaft der Verkehr mit Syrien, der Heimath des Kaisers Alexander Sever, war, beweist am besten der Umstand, dass in Rom und in Puteoli eine Niederlassung syrischer Kaufleute war, die sich zu einem gemeinsamen Cult des Jupiter von Heliopolis vereinigt hatten[330].

Kehren wir nach diesen Bemerkungen zu den Provinzialschulen zurück. Dass der Unterricht im römischen Civilrecht, wo immer er stattfand, in lateinischer Sprache ertheilt ward, leidet keinen Zwei-

[326] Friedländer a. a. O. I. S. 257 f.
[327] Friedländer S. 179 ff.
[328] Bernhardy a. a. O. S. 327.
[329] Bernhardy Anm. 53.
[330] Marquardt IV. S. 158.

fel[331]. Warum sollen aber, fragt Mommsen mit Recht, diese Provincialprofessoren nicht so gut wie die hauptstädtischen schriftstellerisch thätig gewesen sein? Warum, fragen wir weiter, soll nicht der eine oder andere Provincialprofessor, nachdem er in Beryt oder Alexandria seinen Ruf begründet hatte, nach Rom übergesiedelt sein? dass andere Lehrer aus der Provinz nach Rom herüber kamen, war etwas ganz Gewöhnliches. Am fleissigsten zogen die Grammatiker nach Rom; nach Strabo's Aeusserung wimmelte Rom von Gelehrten aus Tarsus und Alexandria. Rom war nicht nur der Mittelpunkt und lockende Sammelplatz für das jüngere Geschlecht, welches Unterricht und feinen Umgang in höherer Gesellschaft suchte, sondern auch für die grosse Zahl der Gelehrten, die unter dem Einflusse vornehmer und gebildeter Männer eine Stellung in der römischen Welt begehrten[332].

Für die Juristen galt das ganz besonders. Maecian und Modestin wurden zu Prinzenlehrern erwählt[333]; jener kam nach der Thronbesteigung seines Schülers in dessen Rath und erhielt entweder die Präfectur von Aegypten oder den Juridicat von Alexandria[334]. Modestin stieg zu andern Würden auf. Andere Juristen, die wir als Rechtslehrer kennen gelernt haben, erlangten sogar das Amt eines Präfectus prätorio, also die höchste Würde nach dem Kaiser; so Papinian, Paulus und Ulpian. Neratius Priscus endlich stand bei Trajan in solchem Ansehen, dass die Rede ging, der Kaiser habe ihn, nicht Hadrian, zu seinem Nachfolger bestimmen wollen[335].

Was Wunder, wenn Libanius missmuthig von den eifrigen Rechtsstudien der Antiochener in Rom und Beryt die Vernachlässigung der Rhetorik herleitet und noch lebhafter den für Sitten und Litteratur gleich verderblichen Einfluss beklagt, den das regelmässige Senden der Hellenischen Jugend nach Rom ausübe, seitdem man in Erlernung des Lateins und des Rechts den sicheren Weg zu Reichthümern und Würden gefunden habe?

Unter diesen Umständen kann aber auch die schon von Hotmann[336] aufgestellte Behauptung, dass unter den klassischen Juristen

[331] Mommsen a. a. O. S. 3. Dirksen Civilist. Abhandlungen S. 77 ff.

[332] Bernhardy Griech. Litteratur S. 562. 566 f. Röm. Litt. Anm. 36. Friedländer I. S. 17 f.

[333] Vgl. oben S. 52 und 60.

[334] Mommsen Volus. Maec. l. c. p. 283.

[335] Spartian. Hadr. 4.

[336] Antitribonian. cap. 12.

sich manche Griechen, Syrier und Africaner befänden, nicht mehr als so verwegen erscheinen, wenngleich Hotmann diese seine Meinung kaum zu begründen versucht hatte und deshalb Schulting[337] mit dem ganzen Pathos eines beleidigten Geschmacks dagegen angehen konnte.

Wenn wir nun den Versuch machen, darzuthun, dass eine Reihe der klassischen Juristen nicht nur aus der Provinz stammen, sondern auch eine Zeit lang in derselben als Lehrer gewirkt haben, so sind wir freilich bei den höchst mangelhaften biographischen Mittheilungen meist auf Combinationen angewiesen, die keinen vollständigen Beweis, sondern nur einen gewissen Grad von Wahrscheinlichkeit gestatten. Aber diese Wahrscheinlichkeit ist doch nicht selten eine so grosse, dass sie einem eigentlichen Beweise nahe kommt. Jedenfalls aber ist es erforderlich, eine über Gebühr vernachlässigte Frage in Fluss zu bringen, und zwar um so mehr, als dieser Punkt auf die Entwicklung des spätern römischen Rechts unmöglich ohne Einfluss gewesen sein kann.

Beinahe niemals ist uns über die Herkunft und früheren Schicksale eines klassischen Juristen etwas überliefert. Nur von Ulpian und Julian wissen wir, wo sie geboren sind, und in einem dieser Fälle erzählt es der betreffende Jurist, Ulpian, selbst. Mit Recht darf man daraus den Schluss ziehen, dass diese Juristen meist von niedriger Herkunft sind[338]. Besonders verständlich aber erscheint jener Umstand, wenn sie zugleich aus der Provinz stammen und erst im spätern Alter nach Rom übergesiedelt sind.

Mommsen[339] ist geneigt, die in einem Werk mit Sorgfalt durchgeführte Berücksichtigung der provinciellen Verhältnisse als ein Argument für „die Abfassung des Buches ausserhalb Italien“ anzusehen. Aber richtiger ist, aus einem solchen Umstande nur zu schliessen, dass der Verfasser sich wahrscheinlich in der Provinz aufgehalten habe, wenn auch nur eine Zeit lang. Für „die Heimat des Werkes“

[337] In seiner oratio, qua disquiritur, culpandisne sit Tribonianus, quod iurisconsultorum, qui stante libera republica Romana claruere, scripta suppresserit, ac posteriorum, qui sub imperatoribus floruere, responsa in pandectis retulerit, abgedruckt in seiner Jurisprud., namentl. p. 898 sq.

[338] Vgl. Hallische Beiträge II. S. 213. Das ist denn auch von einzelnen Juristen öfters bemerkt worden, z. B. von Gaius (Puchta I. S. 461), Maecian (Mommsen Volus. Maec. l. c. p. 281), Papinian (Otto p. 24 sq.) u. s. w. Die Angabe des Horaz Sat. 1, 3, 130 und seines Scholiasten Acron, dass der aus Cremona stammende Jurist Alfenus Varus früher Schuster gewesen sei, für eine böswillige Verleumdung zu erklären (Neuber I. S. 94 f.), ist thöricht. Vgl. Otto l. c. p. 182 sqq.

[339] Jahrb. a. a. O. S. 8.

selbst folgt daraus noch nichts, da es ja zu einer Zeit, wo der Verfasser die Provinz bereits verlassen und sich etwa in Rom niedergelassen hat, verfasst und publicirt worden sein kann. Wenn ich mich also für die Behauptung, dass ein Jurist in der Provinz gelebt habe, auf gewisse Eigenthümlichkeiten seiner Schriften berufe, so will ich damit nur sagen, dass das Material der Schrift wenigstens zum Theil der Provinz angehört und während eines Aufenthalts in derselben gesammelt worden ist.

Bekanntlich hat Mommsen[340] den Nachweis versucht, dass Gaius nicht in Rom, sondern in der griechisch redenden Osthälfte des Reichs und zwar in Troas, einer der namhaftesten Städte der Provinz Asia, als Lehrer des Rechts gelebt habe. Wie es bei derartigen Combinationen zu gehen pflegt, so nehmen unsere Rechtshistoriker, die sich über diese Mommsensche Beweisführung geäussert haben, zu derselben eine ganz verschiedene Stellung ein. Während z. B. Bluhme[341] sagt, dass Mommsen die einzelnen Vermuthungsgründe in ihrer Gesammtheit zu unwiderlegbaren Beweisen erhoben habe, bemerkt Böcking,[342] dass die Argumente und Vermuthungen zwar grösstentheils zu billigen seien, aber doch keineswegs einen sichern Beweis herstellen. Noch Andere, z. B. Huschke[343] und Rudorff,[344] halten die Mommsenschen Argumente für höchst zweifelhaft, wenn nicht für ganz hinfällig, und heben hervor, dass sich in den Schriften des Gaius keine Hindeutungen auf das Land fänden, in dem sie angeblich entstanden seien, wohl aber zahlreiche Beziehungen auf römische und italische Zustände.

Sehen wir zu, wie es sich mit diesen Behauptungen verhält. Zunächst ist unleugbar, dass unserem Juristen das Griechische geläufig war. Das beweisen, wie Mommsen mit Recht hervorhebt, „freilich nicht seine Citate des Homer[345] und der Anabasis des Xeno-

[340] Jahrb. des gem. deutschen Rechts III. (1859) S. 1 ff.

[341] Zeitschr. f. Rechtsgesch. III. (1864) S. 452. Glasson Étude sur Gaius (Paris 1867) sqq. hat die ganze Mommsensche Darstellung adoptirt.

[342] Gaii instit. ed. V. (1866) p. V.

[343] Iurisprud. anteiust. ed. I. (1861) p. 77 sqq. ed. II. (1867) p. 84 sqq.

[344] Zeitschr. f. Rechtsgesch. III. S. 17.

[345] Inst. III, 141. ... argumentoque utuntur Graeco poeta Homero, qui aliqua parte sic ait. Und nun folgen die Verse Il. VII, 472—75. — L. 236. pr. D. de V. S. (50, 16) aus des Gaius lib. IV. ad leg. XII tabb. — admonet nos summus apud eos (sc. Graecos) Homerus; nam sic ait. Folgt Odyss. IV, 226.

phon[346], aber wohl die treffende Herbeiziehung einzelner Wörter der griechischen Umgangssprache zur Erklärung verwandter lateinischer Ausdrücke."[347] Allein nicht nur die griechische Sprache, auch die griechische Gesetzgebung ist ihm bekannt; mit den zwölf Tafeln vergleicht er die solonischen Gesetze und bringt daraus mehrere längere Stellen bei. [348] Auch Huschke verkennt das ingenium Graecum des Gaius keineswegs, macht vielmehr noch ein neues Argument für dasselbe geltend. [349] „Ingenium Graecum", so bemerkt er, „prodit quod Gaius doctrinae ac libros scribendo quam foro et respondendo se dare maluit", [350] ja Huschke [351] gesteht, dass er es nicht zu bejahen, aber auch nicht zu verneinen wage, „si quis Gaium natione Graecum et fortasse ex colonia aliqua in partibus orientis oriundum fuisse opinetur, quae olim A. Augustini et Fr. Connani fuit sententia".

Dazu kommt nun, dass Gaius dem Provincialrecht eine besondere Aufmerksamkeit schenkt, und zwar sowohl dem allgemeinen als dem speciellen. In jener Beziehung tritt uns die Thatsache entgegen, dass er zum edictum provinciale einen Commentar in 32 Büchern geschrieben hat. [352] Mommsens Vermuthung, dass Gaius in diesem Werk das Edict einer einzelnen Provinz commentirt habe, ist allerdings un-

346 L. 233. §. 2. D. de V. S. aus lib. I. ad leg. XII tabb. — Admonet nos Ξενοφῶν; nam ita scribit. Folgt eine Stelle aus Anabas. V, 12, 14.

347 L. 30. de V. S. — Novalis est terra praecisa, quae anno cessavit, quam Graeci νέασιν vocant. L. 25. §. 6. D. loc. cond. (19, 2). — Vis maior, quam Graeci θεοῦ βίαν appellant. L. 236 pr. u. §. 1. D. de V. S. — Cum id quod nos venenum appellamus, Graeci φάρμακον dicunt, apud illos quoque tam medicamenta quam quae nocent, hoc nomine continentur, unde adiectione alterius nomine distinctio fit. — Glandis appellatione omnis fructus continetur, ut Iavolenus ait, exemplo Graeci sermonis, apud quos omnis arborum species ἀκρόδρυα appellantur. L. 233. §. 2. D. eod. — dictumque (sc. telum) ab eo quod in longinquum mittitur, Graeca voce figuratum ἀπὸ τοῦ τηλοῦ. et hanc significationem invenire possumus et in Graeco nomine; nam quod nos telum appellamus, illi βέλος appellant eoque nomine vulgo quidem id significatur, quod ab arcu mittitur; sed non minus omne significatur, quod mittitur manu, ἀπὸ τοῦ βάλλεσθαι... et id quod ab arcu mittitur, apud Graecos quidem proprio nomine τόξευμα vocatur...

348 L. 13. D. fin. reg. (10, 1). L. 47. D. de colleg. (47, 22), beides Stellen aus des Gaius Commentar zu den Zwölf Tafeln.

349 l. c. (ed. II, die im Folgenden immer gemeint ist) p. 87.

350 Auch nach Asher Zeitschr. f. Rechtsgesch. V. S. 86 war Gaius „entschieden ein Mann von vorwiegend griechischer Bildung."

351 l. c. p. 85.

352 Die aus den ersten 30 Büchern erhaltenen Fragmente s. bei Hommel I. p. 66—100.

haltbar und wird, wie Huschke [353] bemerkt, schon durch den Titel widerlegt. Provinciale edictum kann, wie die Analogie der Ausdrücke provinciale solum, provincialis senator, provincialis iudex u. s. w. beweisst, nur das Provincialrecht überhaupt bedeuten. Das Edict einer einzelnen Provinz hätte nur nach dem Namen derselben, also z. B. nur als edictum Siciliense, wovon Cicero in den Verrinen redet, oder als edictum Asiaticum u. s. w. bezeichnet werden können.

Auch in seinen Institutionen erwähnt Gaius mehrmals das abweichende Recht der Peregrinen. [354]

Drängt sich nun schon hiernach die Vermuthung auf, dass Gaius in einer Provinzialstadt gelebt und gelehrt habe, [355] so erhält dieselbe durch folgenden Umstand eine Bestätigung. Es ist nämlich unserm Juristen „widerfahren, neue Verordnungen zu übersehen, die er nothwendig hätte berücksichtigen müssen, was freilich auf jeden Fall befremdet, aber doch bei einem in einer Provinzialstadt lebenden Juristen einigermassen begreiflich ist, während einem hauptstädtischen Rechtslehrer ein solches Versehen unmöglich begegnen konnte.“ [355a]

Aber Gaius erwähnt nicht blos im Allgemeinen das abweichende Recht der Peregrinen, sondern auch im Besondern das der Galater[356] und der Bithyner[357]. In dieser auffallenden Vertrautheit mit dem Localrecht der Provinzen Bithynien und Galatien erblickt Mommsen mit gutem Grund eine Hindeutung auf die Heimat unsers Juristen.

Gegen diese Argumentation ist in der That nichts zu erinnern. Wenn also Huschke[358] fragt: „quam ob rem in his quibus locus, ubi

[353] l. c. p. 84.

[354] III, 96... nam aput peregrinos quid iuris sit, singularum civitatium iura requirentes aliud in alia lege reperiemus. III, 134. praeterea litterarum obligatio fieri videtur chirografis et syngrafis... quod genus obligationis proprium peregrinorum est.

[355] Bluhme a. a. O. und Glasson Étude p. 17 meinen, in seinen Inst. II, 7 (in eo solo [sc. provinciali] dominium populi Romani est vel Caesaris, nos autem possessionem tantum et usumfructum habere videmur) stelle Gaius sich mit diesem nos unter die Provincialen, ein Argument, das Huschke Zeitschr. f. Rechtsgesch. VII. S. 162 mit gutem Recht verwirft.

[355a] Mommsen a. a. O. S. 9. Vgl. Huschke l. c. p. 82 sq. u. p. 88.

[356] I, 55. nec me praeterit Galatarum gentem credere in potestate parentum liberos esse.

[357] I, 193. aput peregrinos non similiter ut aput nos in tutela sunt feminae, sed tamen plerumque quasi in tutela sunt; ut ecce lex Bithynorum, si quid mulier contrahat maritum auctorem esse iubet aut filium eius puberem.

[358] l. c. p. 85.

quis scribit, optime cognosci solet, nihil reperiatur in Gaii scriptis quod Asiam prodat?" so schiebt er die eben festgestellte Beziehung zu den asiatischen Provinzen auf Seite. Allerdings wäre es nicht undenkbar, dass Gaius das Provincialrecht der Galater und Bithyner auch in Rom aus Schriften kennen gelernt hätte; aber viel wahrscheinlicher ist es doch, dass er auf jene Rechte durch eine nähere locale Beziehung aufmerksam wurde. Wenn Gaius ferner die Provincialrechte in Rom studirt hätte, so liesse sich doch erwarten, dass er gelegentlich auch das abweichende Recht einer im Westen des Reichs gelegenen Provinz angeführt hätte; aber das ist nicht der Fall, vielmehr sind die Provinzen, deren Recht er überhaupt näher angiebt, nur Provinzen in Kleinasien, die überdies an einander anstossen.

Mommsen geht aber in seiner Argumentation noch einen Schritt weiter. Eine Stelle aus dem Commentar des Gaius ad legem Iuliam et Papiam[359] lautet nämlich: Iuris Italici sunt Τρωάς, Βήρυτος, Δυῤῥάχιον. In dieser Stelle seien, so meint Mommsen[360], wohl auch nicht zufällig nur Städte der griechischen Reichshälfte genannt und an ihrer Spitze eine Stadt der Provinz Asia. Wie Ulpian bei einer ähnlichen Gelegenheit[361], so möge auch Gaius seine Heimath vorangestellt haben. Die Stadt Troas „war seit Augustus römische Colonie mit italischem Bodenrecht; obwohl im griechischen Theile des Reichs gelegen, war ihre officielle Sprache doch, wie ihre Münzen und ihre Munipalinschriften beweisen, die lateinische. Wer also dieser Bürgerschaft angehörte, durfte mit vollem Recht als Römer und römischer Bürger den Griechen und den Peregrinen sich entgegen stellen.

Auch dieser Schluss hat eine gewisse Wahrscheinlichkeit. Mommsen nimmt nun aber nicht bloss an, dass Gaius in Troas geboren sei, sondern auch, dass er daselbst gelehrt und seine Werke geschrieben und publicirt habe.[362] Damit geht er aber schon über die Linie der Wahrscheinlichkeit hinaus und bereitet sich unnöthiger Weise grosse Schwierigkeiten. Gaius führt als Beispiel einer Bedingung mehrmals den Satz an:[363] si navis ex Asia venerit, was, wie man Huschke[364] zugeben muss, allerdings unbegreiflich sein würde, wenn

[359] L. 7. D. de censib. (50, 15).

[360] a. a. O. S. 10 u. 11.

[361] L. 1. pr. D. eod. Vgl. unten S. 82 f.

[362] a. a. O. S. 8 u. 10.

[363] L. 33. D. de hered. inst. (28, 5). L. 72. D. de fideic. (46, 1).

[364] l. c. p. 85.

das in Troas geschrieben wäre.[365] Will man überhaupt daran festhalten, dass Gaius in Troas geboren sei, so folgt daraus ja noch keineswegs, dass er hier auch gelehrt haben müsse. Dass zu Troas eine Rechtsschule bestanden habe, davon ist nichts bekannt, und dass Gaius, wie Mommsen[366] vermuthet, „den dortigen Localunterricht" ertheilt habe, diese Annahme ist nicht nur nicht geboten, sondern aus dem angeführten Grunde sogar ausgeschlossen. Wenn Mommsen meint, jene Vertrautheit mit den Provincialrechten deute „speciell auf die Heimath wo nicht des Verfassers, so doch des Werkes", so ist vielmehr umgekehrt zu sagen, dass sich daraus nicht die Heimath des Werkes, sondern die des Verfassers ergebe. Man kann doch an einem andern Orte als Schriftsteller auftreten, als wo man aufgewachsen ist. Nehmen wir dagegen an, Gaius sei in der ersten der drei von ihm genannten Städte geboren, und in der zweiten, in der wirklich eine Rechtsschule bestand, Lehrer gewesen, so verschwinden alle Schwierigkeiten. Auch in Beryt lag ihm die Rücksicht auf die Provincialrechte überhaupt und die asiatischen insbesondere nahe, und hier konnte er füglich sagen: si navis ex Asia venerit.

Was Huschke[367] im übrigen dafür geltend macht, dass Gaius in Italien und zwar in Rom geschrieben habe, ist ohne sonderliche Bedeutung. Dahin gehört, dass Gaius von fundus Tusculanus, vinum Campanum, triticum Africum, Tyria purpura rede oder dass er Fälle wie folgende aufstelle: si inter eos qui Romae sunt, talis fiat stipulatio: hodie Carthagine dare spondes?[368] oder si is qui ita stipulatus fuerit: X milia Ephesi dare spondes . . . Romae pure sic intenderit,[369] oder dass er endlich bei seinen rechtlichen Erörterungen mit Rom beginne und dann auf die Provinzen übergehe.[370] Dass ein Rechtslehrer nicht immer die Stadt, in der er lebt, als Beispiel anführt, sondern auch andere bedeutende Verkehrsplätze mit einander in Verbindung treten lässt, kann doch nichts Auffallendes haben, noch weniger aber, dass ein Lehrer des römischen Rechts sein besonderes Augenmerk auf Rom nimmt, eine Stadt, die Huschke selbst als legum patria, imperii omnisque iurisprudentiae sedes bezeichnet. Gewisse Beispiele

[365] Glasson l. c. p. 14 will diesen Einwurf nicht als einen ernstlichen gelten lassen; aber was er zu seiner Entkräftung anführt, ist durchaus unzulässig.

[366] a. a. O. S. 12.

[367] l. c. p. 85.

[368] L. 141. §. 4. D. de verb. obl. (45, 1). cf. L. 73. pr. eod.

[369] Inst. IV, 53, eine Stelle, die übrigens erst Huschke so restituirt hat, während die übrigen Ausgaben wenigstens von den Ortsnamen nichts wissen.

[370] L. 1. pr. D. quod cuiusq. (3, 4). L. 5. D. de cur. fur. (27, 10).

endlich, z. B. fundus Tusculanus, vinum Campanum u. dgl. hatten, wie das der Unterricht mit sich zu bringen pflegt, ohne Zweifel einen stereotypen Charakter. Nimmt man nun mit Mommsen an, dass Gaius in Rom bei den Sabinianern, etwa bei Javolenus oder Julianus gehört habe, so begreift sich, wie er dergleichen Beispiele mit in die Provinz herübernehmen konnte.

Gründe für die sonst nahe liegende Annahme, dass Gaius, nachdem er längere Zeit in Kleinasien gelebt habe, in reiferem Alter nach Rom übergesiedelt sei und hier seine Schriften publicirt habe, liegen nicht vor, vielmehr scheint jene Annahme den Umständen nach ausgeschlossen zu sein. Anders liegt das Verhältniss bei den Juristen, zu denen wir jetzt übergehen. Aber auch der Umstand, dass Gaius ein blosser Rechtslehrer war, während die andern Juristen die Eigenschaften eines Lehrers und praktischen Juristen in sich vereinigten, tritt hier wieder in bemerkenswerther Weise hervor. So wenig Gaius responsa oder quaestiones geschrieben hat, eben so wenig führt er aus der Provinz Rechtsfälle an, vielmehr theilt er nur Abweichungen der Provinzialrechte selbst mit. Umgekehrt reden die andern Juristen nicht von dem Provinzialrecht, sondern vielmehr von interessanten Rechtsfällen, die in der Provinz vorgekommen sind.

Ulpian stammt nach seiner eigenen Angabe aus Tyrus in Phönicien.

L. 1. pr. D. de censib. (50, 15). — Sciendum est esse quasdam colonias iuris Italici, ut est in Syria Phoenice splendidissima Tyriorum colonia, unde mihi origo est, nobilis regionibus, serie saeculorum antiquissima, armipotens, foederis quod cum Romanis percussit, tenacissima; huic enim Divus Severus et Imperator noster ob egregiam in rempublicam imperiumque Romanum insignem fidem ius Italicum dedit.

Man hat mehrfach versucht, die Bedeutung dieser Notiz abzuschwächen und gesagt, unde mihi origo est brauche noch nicht zu heissen, wo ich geboren bin, sondern könne auch bloss bedeuten, woher meine Familie stammt[371], und diese letztere Bedeutung sei hier anzunehmen. So lässt z. B. Puchta[372] nur die Eltern des Ulpian Bürger von Tyrus sein. Wenn nun auch origo die angegebene zweifache Erklärung an sich zulässt, so liegt es doch näher, an den wirklichen Geburtsort zu denken, zumal hier, wo Ulpian mit so grosser

[371] Schulting Jurisprud. p. 898 sq. Hallische Beiträge II. S. 215. Zimmern S. 368 Anm. 4.

[372] I. S. 471.

Wärme von Tyrus spricht. Es ist die Erinnerung an seine Heimath, an seine Vaterstadt, die ihn bei Erwähnung dieser Stadt mit Stolz und Genugthuung erfüllt.

An einer andern Stelle bezeichnet Ulpian einen gewissen Glabrio Isidorus als seinen Landsmann (popularis)[373], und mehrmals erwähnt er seine Muttersprache, den sermo Poenus, die lingua Punica.

L. 1. §. 6. D. de verb. obl. (45, 1). — an alia lingua respondeatur, nihil interest; proinde si quis Latine interrogaverit, respondeatur ei Graece, dummodo congruenter respondeatur, obligatio constituta est. Idem per contrarium. Sed utrum hoc usque ad Graecum sermonem tantum protrahimus, an vero et ad alium, Poenum forte vel Assyrium vel cuius alterius linguae, dubitari potest.

L. 11. pr. D. de legat. III. — Fideicommissa quocunque sermone relinqui possunt, non solum Latina vel Graeca, sed etiam Punica vel Gallicana vel alterius cuiuscunque gentis.

Dass Ulpian die punische Sprache in beiden Stellen gleich nach der lateinischen und griechischen anführt, hat also seinen guten Grund. Dass man bei ihm Hebraismen findet, ist begreiflich, dagegen unverständlich, wie man ihm das zum 'Vorwurf' machen oder ihn dagegen 'vertheidigen' will[374].

Auffallend häufig redet Ulpian von Aegypten, ohne dass sich dies aus der eigenthümlichen Verwaltung der Provinz erklärte.

L. un. D. de off. praef. Aug. (1, 17). — Praefectus Aegypti non prius deponit praefecturam et imperium quod ad similitudinem

[373] L. 70. D. de verb. obl. (45, 1). — Mulier quae dotem dederat populari meo, Glabrioni Isidoro u. s. w. — Es gab auch einen Rhetor Ulpian aus Tyrus, den Athenaeus mehrmals erwähnt (Schulting p. 899), ferner wird in L. 16. D. de sent. pass. (48, 22) ein Ulpian aus Damascus erwähnt, an den Antoninus ein Rescript erlässt. — Erwähnenswerth ist auch, dass die Charakteristik, welche die alten Schriftsteller von den Syrern geben, nämlich dass dieselben Leichtigkeit und praktischen Sinn für jede geistige Thätigkeit besitzen, als Schriftsteller eine glatte und gewandte Darstellung haben, der indess die Tiefe abgehe, dass sie ferner nicht nur veränderlich, sondern auch hinterlistig und verschlagen seien (Bernhardy Gr. Litt. S. 488 und 495. Friedländer I. S. 60), auf unsern Ulpian in auffallender Weise zu passen scheint. Ulpian ist zwar „das unübertroffene Muster eines praktisch-dogmatischen Commentators", aber es fehlt ihm „die geniale Tiefe" des Paulus (Lenz Recht des Besitzes S. 130 Anm. 1), und von dem Vorwurf, ein Intriguant gewesen zu sein, kann er auch schwerlich freigesprochen werden. Vgl. über die Beseitigung seiner Amtsvorgänger und Collegen Flavianus und Chrestus Zimmern S. 370. Puchta I. S. 471 f.

[374] S. die betreffende Litteratur bei Zimmern S. 369 Anm. 11.

proconsulis lege sub Augusto ei datum est, quam Alexandriam ingressus sit successor eius, licet in provinciam venerit.

L. 7. §. 5. D. de interd. (48, 22). — Est quoddam genus quasi in insulam relegationis in provincia Aegypto, in ovasin relegare.

L. 1. §. 5. D. de flum. (43, 12). — Ripa autem ita recte definietur: id quod flumen continet, naturalem rigorem cursus sui tenens. Ceterum si quando vel imbribus vel mari vel qua alia ratione ad tempus excrevit, ripas non mutat. Nemo denique dixit, Nilum qui incremento suo Aegyptum operit, ripas suas mutare vel ampliare; nam cum ad perpetuam sui mensuram redierit, ripae alvei eius muniendae sunt. Si tamen naturaliter creverit, ut perpetuum incrementum nactus sit vel alio flumine admixto vel qua alia ratione, dubio procul dicendum est, ripas quoque eum mutasse, quemadmodum si alveo mutato alia coepit currere.

L. 10. D. de extr. crim. (47, 11). — In Aegypto qui chomata rumpit vel dissolvit, hi sunt aggeres qui quidem solent aquam Niloticam continere, aeque plectitur extra ordinem et pro conditione sua et pro admissi mensura; quidam opere publico aut metallo plectuntur; et metallo quidem secundum suam dignitatem, si quis arborem sycaminonem exciderit; nam et haec res vindicatur extra ordinem non levi poena, idcirco quod hae arbores colligunt aggeres Niloticos, per quos incrementa Nili dispensantur et coercentur et deminutiones aeque coercentur. Chomata etiam et diacopi qui in aggeribus fiunt, plecti efficiunt eos qui id admiserint.

L. 55. §. 5. D. de legat. III. — Lignorum appellatione in quibusdam regionibus, ut in Aegypto, ubi arundine pro ligno utuntur et arundines et papyrum comburitur, et herbulae quaedam vel spinae vel vepres continebuntur. Quid mirum, cum ξύλον hoc et naves ξυληγὰς appellant, quae haec ἀπὸ τῶν ἑλῶν deducunt?

L. 14. §. 3. D. de alim. (34, 1). — in ea regione Africae vel forte Aegypti . . ., ubi aqua venalis ist.

Liegt hier nun nicht die Vermuthung nahe, dass Ulpian das Land, von dem er so viele specielle Dinge erzählt, aus eigener Anschauung kannte?

Aber auch von Arabien weiss er zu erzählen.

L. 9. D. de extr. crim. (47, 11). — Sunt quaedam quae more provinciarum coercitionem solent admittere, utputa in provincia Arabia σκοπελισμὸν crimen appellant, cuius rei admissum tale est: plerique inimicorum solent pracdium inimici σκοπελίζειν, id est lapides ponere indicio futuros, quod si quis eum agrum coluisset, malo leto periturus esset insidiis eorum qui scopulos posuissent; quae res tantum timorem habet, ut nemo ad eum agrum accedere audeat, crudelitatem timens eorum qui scopelismon fecerunt. Hanc rem praesides exequi solent graviter usque ad poenam capitis, quia et ipsa res mortem comminatur.

Desgleichen von Asien.

L. 4. §. 5. D. de off. proc. (1, 16). — Quaedam provinciae etiam hoc habent, ut per mare in eam provinciam proconsul veniat, ut Asia, scilicet usque adeo, ut imperator noster Antoninus Augustus ad desideria Asianorum rescripsit, proconsuli necessitatem impositam per mare Asiam applicare καὶ τῶν μητροπόλεων Ἔφεσον primam attingere.

Auch sonst lässt Ulpian einen Vertrag gern beispielsweise zu Ephesus abgeschlossen werden[375]. Aber auch andere Orte in Asien führt er in charakteristischer Weise an.

L. 1. §. 13. D. de aqua quot. (43, 20). — . . . in quibusdam locis et cum calidae sunt (aquae), irrigandis tamen agris necessariae sunt, ut Hierapoli; constat enim apud Hierapolitanos in Asia agrum aqua calida rigari.

Besonders oft macht Ulpian juristische Bemerkungen über Syrien.

L. 7. §. 6. D. de interd. (48, 22). — Sicut autem relegare in insulam quisquam, quae non est sub se, non potest, ita ne in provinciam quidem relegandi ius habet, quae non est sub se; forte praeses Syriae in Macedoniam non relegabit.

L. 7. §. 14. eod. — Quibusdam tamen praesidibus ut multis provinciis interdicere possint, indultum est, ut praesidibus Syriarum, sed et Daciarum.

L. 3. pr. D. de censib. (50, 15). — Aetatem in censendo significare necesse est, quia quibusdam aetas tribuit, ne tributo onerentur, veluti in Syriis a quatuordecim annis masculi, a duodecim feminae usque ad sexagesimum quintum annum tributo capitis obligantur.

Aegypten, Syrien und Kleinasien liegen ihm offenbar in seinen Gedanken sehr nahe, was sich am einfachsten aus der Annahme erklärt, dass Ulpian in diesen Ländern oder in einem derselben längere Zeit gelebt habe. Diese Annahme findet denn auch sonst hinreichende Unterstützung.

Von Ulpians Schriften sind offenbar einige für die Provincialen oder doch für Provincialbehörden geschrieben. Dahin gehört zu-

[375] L. 2. und L. 4. D. de eo quod certo (13, 4). L. 3. D. de pecun. const. (13, 5).

nächst, wie schon der Titel beweist, die Monographie de officio proconsulis, aber auch die Schrift de officio curatoris rei publicae, und wahrscheinlich eine Schrift de officio quaestoris.

Ueber dieses Amt hat nämlich Ulpian nicht nur einen liber singularis [376], sondern auch noch mehrere libri [377] geschrieben, Schriften, die für identisch zu halten uns nichts berechtigt. Während die erstere die Quästur überhaupt bespricht, wird die andere die Geschäfte des Provincialquästors insbesondere eingehend erörtert haben.

Dem curator reipublicae liegt bekanntlich die Verwaltung des städtischen Vermögens ob. [378] Ulpian aber hat in seiner betreffenden Schrift [379] nicht den curator einer italischen, sondern vielmehr den einer Provinzialstadt im Auge, wie folgende Stellen beweisen.

L. 33. D. de usur. et fruct. (22, 1). — prospicere rei publicae securitati debet praeses provinciae.

L. 5. pr. u. §. 1. D. de op. publ. (50, 10). — rescripto divi Pii ita continetur: 'si quidem dies non sit ab his qui statuas vel imagines ponendas legaverunt, praefinitus, a praeside provinciae tempus statuendum est . . .' — Fines publicos a privatis detineri non oportet. Curabit igitur praeses provinciae u. s. w.

Wie sollte nun aber ein hauptstädtischer Jurist dazu kommen, über das Amt eines Municipalbeamten in der Provinz zu schreiben? Das würde eine Art der Schriftstellerei voraussetzen, wie sie mir den Römern gänzlich unbekannt gewesen zu sein scheint.

Wenn auch keineswegs behauptet werden kann, dass nur Derjenige über ein gewisses Amt geschrieben, der es selbst bekleidet habe, — schrieb doch z. B. Arcadius Charisius als magister libellorum über das officium des Praefectus praetorio, [380] — so darf man doch auch anderseits annehmen, dass Niemand gewagt haben wird,

[376] Daraus L. 1. D. de off. quaest. (1, 13). Ulpianus libro singulari de officio quaestoris.

[377] Daraus L. 3. D. de iurisd. (2, 1). Ulpianus libro II. de officio quaestoris.

[378] Er hat auch Jurisdiction inter civitatem et privatum (L. 2. §. 6. D. de admin. 50, 8) und dann assessores. L. 6. D. de off. ass. (1, 22) von Papinian.

[379] Folgende Stellen sind daraus in die Pandekten aufgenommen: L. 33. D. de usur. (22, 1). L. 4. D. de decret. (50, 9). L. 5. D. de op. publ. (50, 10). L. 1. u. L. 15. D. de pollic. (50, 12).

[380] L. 1. D. de off. praef. pr. (1, 11). — Aurelius Arcadius Charisius magister libellorum libro singulari de officio praefecti praetorio.

über ein Amt zu schreiben, das er nicht irgendwie aus praktischer Anschauung kennen gelernt hatte. Vielleicht war Paulus selbst in der Provinz curator rei publicae oder Beisitzer des Proconsuls.[381]

So viel dürfen wir jedenfalls als das Resultat unserer Erörterung hinstellen, dass Ulpian sich noch in seinem reifern Lebensalter in der Provinz befunden haben muss. Sonach spricht er also aus eigener Erfahrung, wenn er bemerkt:[382] Ingressum etiam hoc eum observare oportet (proconsulem), ut per eam partem provinciam ingrediatur, per quam ingredi moris est, et quas Graecia ἐπιδημίας appellat, sive κατάπλουν observare, in quam primum civitatem veniat vel applicet; magni enim facient provinciales, servari sibi consuetudinem istam et huiusmodi praerogativas.

In welcher Provinz wir aber Ulpian zu suchen haben, kann nach dem Frühern nicht zweifelhaft sein.

Kaiser Hadrian hatte Syrien in drei Provinzeu getheilt, die den Namen Syria Coele oder Syria schlechtweg, Syria Phoenice und Syria Palaestina führten.[383] Diese Provinzen fasst Ulpian[384] unter der Bezeichnung Syriae zusammen.

Nun aber führt er bei seiner Aufzählung der coloniae iuris Italici[385] dieselben nicht, wie man doch erwarten könnte, nach jenen drei Provinzen auf, sondern er nennt zuerst eine Stadt aus Syria Phoenice, nämlich Tyrus, dann eine Stadt aus Syria Palaestina, nämlich Beryt, an dritter und vierter Stelle zwei Städte aus Syria Coele, nämlich Heliopolis und Laodicea, um dann wieder zwei Städte aus Syria Phoenice zu nennen, nämlich Emesa und Palmyra. Warum er die Aufzählung mit Tyrus beginnt, ist klar: es ist seine Vaterstadt;[386] es liegt also auch wohl ein Grund vor, weshalb er die gleichfalls in Syria Phoenice gelegenen Städte Emesa und Palmyra

[381] Auch ein Provinciale konnte bei einem Beamten seiner Provinz wenigstens unter gewissen Umständen als Beisitzer fungiren, nämlich nicht nur auf Grund einer kaiserlichen Erlaubniss, sondern wahrscheinlich auch dann, wenn er kein publicum salarium bezog. L. 3. u. L. 6. D. de off. assess. (1, 22). L. 38. pr. D. ex quib. caus. (4, 6). Vgl. die Inschrift von Thorigny: Mommsen Berichte der sächs. Gesellsch. 1852 S. 246 f.

[382] L. 4. §. 5. D. de off. proc. (1, 16).

[383] Marquardt III, 1. S. 195 ff. Kuhn I, 2. S. 177 ff.

[384] L. 3. pr. D. de censib. (50, 15). — veluti in Syriis ...

[385] In L. 1. D. de censib. (50, 15).

[386] Paulus nennt bei der Besprechung von Syrien zuerst Laodicea, dann Beryt und erst an dritter Stelle Tyrus. L. 8. §. 3. D. eod.

nicht gleich anschliesst, sondern Beryt voranstellt. Ich denke, der Grund ist, weil er hier als Lehrer des Rechts gelebt hatte.

Bekanntlich hat Ulpian bei Abfassung seines liber singularis regularum die Institutionen des Gaius vor Augen gehabt. Mommsen[387] knüpft hieran die sehr ansprechende Vermuthung, es möge da, wo Ulpian den ersten Rechtsunterricht empfangen habe, das Elementarbuch des Gaius gangbar gewesen sein. Nun aber hat Gaius aller Wahrscheinlichkeit nach nicht, wie Mommsen annimmt, in Troas, sondern ebenfalls in Beryt gelehrt. Auch nach seinem Tode wird hier sein Lehrbuch in Gebrauch geblieben und Ulpian, als er von Tyrus herüberkam, um hier das Recht zu studiren, darnach unterrichtet worden sein. Vielleicht hat Ulpian auch den in L. 14. §. 3. D. de alim. (34, 1) erzählten Rechtsfall noch in Beryt entschieden. Die Stelle lautet:

Quidam libertis suis, ut alimenta, ita aquam quoque per fideicommissum relinquerat. Consulebar de fideicommisso, cum in ea regione Africae vel forte Aegypti res agi proponebatur, ubi aqua venalis est. Dicebam igitur, esse emolumentum fideicommissi u. s. w.

Wann und unter welchen Umständen Ulpian nach Rom übergesiedelt sein mag, ist nicht mehr zu ermitteln.

Auch Papinian wird aus einer Provinz stammen. Spartian[388] erzählt nämlich: Papinianum amicissimum fuisse imperatori Severo et, ut alii loquuntur, affinem etiam per secundam uxorem. War er aber ein Blutsverwandter der Iulia Domnia, der zweiten Gemahlin des Septimius Severus, die aus Emesa in Syrien stammte, so war er, wie schon Otto[389] hervorgehoben hat, aller Wahrscheinlichkeit nach ebenfalls ein Syrier[390].

Sehen wir uns die Fragmente aus Papinians Schriften an, so finden wir, dass dieselben vielfach Provincialverhältnisse im Auge haben. So ist nicht nur allgemein von der Provinz und von Provincialbeamten[391], sondern oft auch von Prozessen in der Provinz die Rede[392]. Viel wichtiger aber ist, dass Papinian eine Schrift in grie-

[387] Jahrb. a. a. O. S. 13 Anm. 26.

[388] Carac. 8.

[389] Papinianus (Bremae 1743) p. 4 sqq.

[390] Heineccius l. c. §. 327. Hugo S. 884.

[391] L. 30. §. 1. D. de excus. (27, 1). L. 20. D. de off. praes. (1, 18). L. 14. D. de in ius voc. (2, 4). L. 20. D. de his qui (3, 2). L. 4. D. de off. ass. (1, 22). L. 21. §. 2. D. de Sc. Silan. (29, 5) u. s. w.

[392] L. 35. §. 1. D. de iudic. (5, 1). L. 26. §. 3. D. de pact. dot. (23, 4). L. 21. D. de donat. (24, 1). L. 39. §. 7. D. de admin. (26, 7). L. 13. D.

chischer Sprache verfasst hat, von der noch ein Fragment erhalten ist, überschrieben ἐκ τοῦ ἀστυνομικοῦ μονοβίβλου τοῦ Παπινιανοῦ [393]. Der Grund aber, weshalb Papinian die griechische Sprache gewählt hat, kann kein anderer sein, als weil er für Provinzialen schreiben wollte, deren Landessprache die griechische war. Er handelt also nicht von den Aedilen in Rom, sondern nur von Municipalädilen [394]. Von denselben redet Papinian auch noch an einer andern Stelle [395].

Wie man diesem Resultat ausweichen könne, ist nicht abzusehen. „Es ist", sagt Thibaut [396] mit Recht, „eine erkünstelte Wendung, wenn Conradi glaubt, Papinianus, dessen gewöhnliche Schreibart die lateinische war, habe diesmal deswegen griechisch geschrieben, damit man sich seine, den römischen Aedilen gegebenen Lehren in den griechischen Landstädten zum Muster nehmen könne. Denn wer in der Residenz für Residenzbeamte schreibt, denen die Provincialsprache oft nicht geläufig ist, der würde doch eine halbe Tollheit begehen, wenn er nicht für die, zu denen er unmittelbar spricht, auf die ihnen verständliche Weise redete."

Hat Papinian aber für die Provincialen geschrieben, so hat er auch in der Provinz geschrieben. Verfolgen wir nun die Spuren, die sich für die Bestimmung dieser Provinz ergeben, so kommen folgende Stellen in Betracht.

L. 8. pr. D. de vacat. (50, 5). — in Asia sacerdotium provinciae suscipere non coguntur numero liberorum quinque subnixi; quod optimus maximusque princeps noster Severus Augustus decrevit, ac postea in ceteris provinciis servandum esse constituit.

L. 77. §. 20. D. de legat. II. — 'Dulcissimis fratribus meis, avunculis autem tuis, quaecunque mihi supersunt in Pamphylia, Lycia vel ubicunque de maternis bonis, concedi volo' . . .

L. 86. pr. D. de acq. v. om. her. (29, 2). — Pannonius Avitus, cum in Cilicia procuraret, heres institutus ante vita decesseret quam u. s. w.

quib. ex caus. (42, 4.) L. 23. §. 1. D. de appell. (49, 1). L. 8. §. 5. D. de muner. (50, 5).

[393] L. un. D. de via publ. (43, 10).

[394] Otto de aedilibus (Lips. 1732) p. 329 sq. Derselbe: Papinianus p. 53 und p. 398 sqq. Thibaut Abhandlungen S. 140 f. Marquardt II. Anm. 783. Vgl. Zimmern S. 364. — Ueber die Aedilen in den Municipien s. Marquardt III. 1 S. 353 f.

[395] L. 17. D. de compens. (16, 2). Marquardt III. 1 Anm. 2303.

[396] a. a. O. S. 141 f.

L. 78. pr. D. de hered. inst. (28, 5). — Qui non militabat, bonorum maternorum, quae in Pannonia possidebat, libertum heredem instituit, paternorum, quae habebat in Syria, Titium u. s. w.

L. 37. D. de reb. auct. (42, 5). — Antiochensium Coelesyriae civitati, quod lege sua privilegium in bonis defuncti debitoris accepit, ius persequendi pignoris durare constitit.

In Verbindung mit dem Umstande, dass Papinian höchst wahrscheinlich aus Syrien stammt, genügen diese Stellen vielleicht, um darauf die Vermuthung zu gründen, dass er gleichfalls in Beryt eine Zeit lang als Lehrer des Rechts thätig gewesen sei.

Bei Q. Cervidius Scaevola drängt sich von selbst die Vermuthung auf, dass er ein Grieche gewesen sei. Dafür spricht freilich noch nicht der Umstand, dass er griechisch verstand und seinen Digesten und Responsen vielfach Stellen aus griechisch geschriebenen Anfragen einverleibt,[397] wohl aber, dass seine eigene Sprache manche griechische Wendungen und Wortformen enthält.[398] So sagt Scaevola z. B. statt Brundisium stets Brentesium,[399] statt tot annorum esse tot annos habere,[400] so gebraucht er die Wendung emptionem inemptam videri,[401] die auffallenden Ausdrücke minorato pretio vendere,[402] totam fortunam in nominibus habere[403] u. dgl.

Scaevola hat aber nicht blos, wie Huschke vermuthet, griechisch Consultirenden vielleicht zuerst respondirt, sondern seine Responsa beziehen sich auch vielfach auf griechisch redende Provinzen.

Redet er in einigen Stellen allgemein von provincia, von praeses provinciae, procurator Caesaris, so erwähnt er an andern eines municipium mit Statuten (leges) in griechischer Sprache, ferner griechisch abgefasster Testamente, Verträge u. dgl.[404] Auch die Personennamen sind grossentheils griechische; so findet sich z. B. Epictetus, Callistus, Cratistus, Aithales, Onesiphorus, Spendophorus, Endo,

[397] Dergleichen Stellen hat Huschke Iurispr. p. 342 viele zusammengetragen.

[398] Vgl. Conradi l. c. p. 19 sq. u. p. 26 sq. Huschke l. c.

[399] L. 122. D. de verb. obl. (45, 1).

[400] L. 41. §. 10. u. §. 16. D. de fid. lib. (40, 5).

[401] L. 10. pr. D. de resc. vend. (18, 5).

[402] L. 10. D. de serv. export. (18, 7).

[403] L. 40. §. 8. D. de statulib. (40, 7).

[404] L. 101. D. de legat. III. L. 39. D. de minor. (4, 4). L. 9. D. de resc. vend. (18, 5). L. 57. §. 1. D. de admin. (26, 7). L. 22. D. de interrog. (11, 1). L. 6. D. de admin. rer. (50, 9) u. s. w.

Olympicus, Stephanus, Diphilus, ferner Elpis, Thais, Glaucetyche, Basilice, Cyprogenia, Arescusa, Entychia, Aetia Dorcas u. s. w.[405]

Unzweifelhaft hat also Scaevola eine Zeit lang in einer griechisch redenden Provinz gelebt und zwar als Respondent. Nach welcher Richtung wir aber diese Provinz zu suchen haben, findet sich ebenfalls angedeutet.

L. 61. §. 1. D. locati cond. (19, 2). — Navem conduxit, ut de provincia Cyrenensi Aquileiam navigaret, olei metretis tribus millibus impositis et frumenti modiis octo millibus, certa mercede; sed evenit, ut onerata navis in ipsa provincia novem mensibus retineretur et onus impositum commisso tolleretur. Quaesitum est u. s. w.

L. 30. §. 1. D. de adim. leg. (34, 4). — Titia testamento Seium libertam eandemque collactaneam ex parte duodecima heredem instituerat; Pamphilo liberto suo praedia per fideicommissum dedit, in quibus et σύγκτησιν praediorum, quae appellabatur circa Colonem; eidem liberto postea per epistolam alias etiam res donavit, in quibus de Seia et Pamphilo ita est locuta Titia: . . . βούλομαι αὐτῇ δοθῆναι τὴν σύγκτησιν τὴν περὶ Κολώνην u. s. w. Colone ist ein Ort in Mysien.

L. 35. §. 1. D. de legat. III. — Sempronio ita legavit: 'Sempronius sumito praedia ea omnia quae sunt usque ad praedium quod vocatur Gaas finibus Galatiae, sub cura villici primi, ita ut haec omnia instructa sunt.' Quaesitum est, cum in eodem confinio praediorum unum sit praedium non Galatiae sed Cappadociae finibus, sub cura tamen eiusdem villici, an etiam id praedium cum ceteris ad Sempronium pertineat. Respondit: et hoc deberi.

L. 12. D. de legat. (50, 7). — Legatus creatus a patria sua suscepta legatione in urbem Romam venit et nondum perfecta legatione domum quae erat in ipsius civitate Nicopoli, emit. Quaesitum est, an in senatus consultum inciderit, quo prohibentur legati ante perfectam legationem negotiis vel privatis rebus obstringi. Respondit: non videri teneri.

Eine Stadt Nicopolis gab es nicht nur in Mösien, sondern auch in Bithynien und Armenien.

L. 122. pr. §. 1. D. de verb. obl. (45, 1). — Qui Romae

[405] L. 41. pr. D. de serv. (8, 2). L. 39. §. 4. D. fam. exc. (10, 2). L. 58. pr. D. de admin. tut. (26, 7). L. 37. §. 1. L. 38. §. 1. D. de legat. III. L. 32. §. 1. D. de usu leg. (33, 2). L. 16. §. 2. D. de alim. leg. (34, 1). L. 29. D. de reb. dub. (34, 5). L. 59. pr. §. 2. L. 54. u. L. 60. D. de manum. test. (40, 4). L. 41. pr. §. 16. D. de fid. lib. (40, 5). L. 24. D. de lege Cornel. (48, 10).

mutuam pecuniam acceperat solvendam in longinqua provincia u. s. w. §. 1. Callimachus mutuam pecuniam nauticam accepit a Sticho, servo Seii, in provincia Syria civitate Beryto usque Brentesium idque creditum esse in omnes navigii dies ducentos sub pignoribus et hypothecis, mercibus a Beryto comparatis et Brentesium perferendis et quas Brentesio empturus esset et per navem Beryto invecturos u. s. w.

Aus dem Umstande, dass Scaevola in der letzten Stelle Rom und Beryt hintereinander als Beispiel anführt, hat man wohl geschlossen, dass in Beryt schon zur Zeit des Scaevola eine Rechtsschule bestanden habe,[406] was wohl ohnehin nicht zu bezweifeln ist.[407] Vielleicht ist Scaevola selbst hier eine Zeitlang Rechtslehrer gewesen. Möglich aber auch, dass wir an Caesarea in Cappadocien zu denken haben.[408]

Modestin muss gleichfalls ein Provinciale sein und längere Zeit in einer Provinz der östlichen Reichshälfte gelebt haben. In seiner Erörterung über die Verwandtschaftsverhältnisse giebt er auch die griechischen Bezeichnungen an,[409] ferner bespricht er griechische Testamente und andere Urkunden;[410] was aber entscheidend ist, er hat gleichfalls, wie Papinian, wenigstens eine Schrift griechisch ab-

[406] Burchardi I. S. 262 Anm. 8.

[407] Vgl. oben S. 72 f.

[408] Sehr zu bedauern ist, dass die Lage der regio Atellata und der regio Niphana, wovon in einem von Scävola bruchstückweise mitgetheilten Testament die Rede ist (L. 35. §. 2. D. de legat. III.: Libertis quos nominaverat, ita legavit: 'fundum Trebatianum, qui est in regione Atellata, item fundum Satrianum, qui est in regione Niphana, cum taberna dari volo' u. s. w.), sich aus Mangel an anderen Zeugnissen nicht nachweisen lässt. Natürlich ist man unter diesen Umständen mit Emendationen bei der Hand; so will Haloander statt Atellata Arelatia und Menagius statt Niphana Aliphana lesen. Ich denke, wir haben die betreffenden Orte nicht in Italien oder in Gallien, sondern gleichfalls in Kleinasien zu suchen.

[409] L. 4. §. 6. D. de gradib. (38, 10). — et quidem viri pater uxorisque socer, mater autem eorum socrus appellatur, cum apud Graecos proprie viri pater ἑκυρός, mater vero ἑκυρά vocitetur; uxoris autem pater πενθερός et mater πενθερά vocatur . . . Viri frater levir, is apud Graecos δαήρ appellatur, ut est apud Homerum relatum; sic enim Helena ad Hectorem dicit. (Folgt Iliad. VI, 344). Viri soror glos dicitur, apud Graecos γαλῶς. Duorum fratrum uxores ianitrices dicuntur, apud Graecos εἰνάτερες, quod uno verso idem Homerus significat. Folgt Iliad. VI, 378.

[410] L. 34. §. 1. §. 7. D. de leg. I. L. 10. D. de pollic. (50, 12), wo eine Frau ihrer Vaterstadt ein Capital aussetzt, aus dessen Zinsen Spiele (ἀγὼν τετραετηρικός) veranstaltet werden sollen.

gefasst.[411] Die Pandekten geben als Titel derselben an: libri VI excusationum, der ächte Titel aber war ein anderer: nämlich: παραίτησις ἐπιτροπῆς καὶ κουρατορίας. Der noch erhaltene Anfang der Schrift lautet nämlich:[412] Ἑρέννιος Μοδεστῖνος Ἰγνατίῳ Δέξτρῳ. Συγγράψας σύγγραμμα, ὡς ἐμοὶ δοκεῖ χρησιμώτατον, ὅπερ παραίτησιν ἐπιτροπῆς καὶ κουρατορίας ὠνόμασα, τοῦτό σοι πέπομφα.

Unleugbar ist diese Schrift für Provincialen bestimmt. Demnach ist in derselben denn auch stets vom ἡγουμένος, von der ἔθνους ἱεροσύνη und von den ἄρχοντες die Rede;[413] in Gegensatz dazu wird gestellt ὁ ἐν Ῥώμῃ ἄρχων.[414] Ebenso setzt Modestin den Philosophen schlechtweg (περί δὲ τῶν φιλοσόφων) die römischen entgegen (τὸν ἐν Ῥώμῃ σοφιστεύοντα),[415] und den νόμων διδάσκαλοι ἐν ἐπαρχίᾳ διδάσκοντες die ἐν Ῥώμῃ διδάσκοντες.[416]

Bestimmte Andeutungen über die Provinz, in der wir Modestin zu suchen haben, liegen nicht vor. Zu beachten sind indess etwa folgende Stellen:

L. 6. §. 2. D. de excus. (27, 1.) — Ἔστιν δὲ καὶ ὁ ἀριθμὸς ῥητόρων ἐν ἑκάστῃ πόλει τῶν τὴν ἀλειτουργησίαν ἐχόντων καὶ αἱρέσεις τινὲς προςκείμεται τῷ νόμῳ· ὅπερ δηλοῦται ἐξ ἐπιστολῆς Ἀντωνίνου τοῦ Εὐσεβοῦς, γραφείσης μὲν τῷ κοινῷ τῆς Ἀσίας, παντὶ δὲ τῷ κόσμῳ διαφερούσης...

L. 6. §. 14. eod. — Ἔθνους ἱεροσύνη, οἷον Ἀσιαρχία, Βιθυνιαρχία, Καππαδοκαρχία παρέχει ἀλειτουργησίαν ἀπὸ ἐπιτροπῶν, τοῦτ' ἔστιν ἕως ἂν ἄρχῃ.

L. 6. §. 9. eod. — Ἔτι κἀκεῖνο εἰδέναι χρὴ, ὅτι ὁ ἐν τῇ ἰδίᾳ πατρίδι διδάσκων, ἢ θεραπεύων, τὴν ἀλειτουργησίαν ταύτην ἔχει· ἐὰν γὰρ Κομανεὺς ὢν ἐν Νεοκαισαρίᾳ σοφιστεύει, ἢ θεραπεύει, ἢ διδάσκει, παρὰ Κομανεῦσιν ἀλειτουργησίαν οὐκ ἔχει.

Comana und Neu-Cäsarea sind beides Städte im Pontus. Dass in der letztern ebenfalls, wie in Cäsarea in Cappadocien, eine Rechtsschule bestanden habe, darüber ist meines Wissens nichts bekannt. Nur so

[411] Daraus stehen in den Digesten eine Reihe grosser Fragmente. Hommel I. p. 456—464. — Schulting l. c. p. 898 meint, es seien ja nur 6 griechisch geschriebene libri, während Modestin noch 63 andere in lateinischer Sprache verfasst habe. Als wenn hier Zahlen etwas entscheiden könnten!

[412] L. 1. D. de excus. (27, 1).

[413] L. 2. §. 1. §. 3. D. qui pet. (26, 6). L. 1. §. 4. L. 6. §. 14. L. 13. §. 1. D. de excus. (27, 1). L. 21. pr. §. 3. u. §. 6. D. de tutor. (26, 5).

[414] L. 21. §. 4. D. de tutor. (26, 5).

[415] L. 6. §. 7. u. §. 11. D. de excus. (27, 1).

[416] L. 6. §. 12. eod. Vgl. noch L. 8. §. 4. eod.: ἐν τοῖς νυκτοφύλαξιν τοῖς ἐν Ῥώμῃ.

viel lässt sich etwa behaupten, dass Modestin in Kleinasien oder in Syrien gelebt haben wird.[417]

Wenn Modestin an einer andern Stelle derselben Schrift sagt:[418] οὕτως γὰρ καὶ Κερβίδιος Σκαιβόλας καὶ Παῦλος καὶ Δομίτιος Οὐλπιανὸς, οἱ κορυφαῖοι τῶν νομικῶν γράφουσιν . . ., so ist das vielleicht die stolze Hindeutung eines Provinzialen, dass mehrere der bedeutendsten Juristen gleichfalls aus der Provinz stammen.[419]

S a l v i u s J u l i a n u s, des Kaisers Didius Julianus Grossvater von der mütterlichen Seite, stammte aus Hadrumet in Afrika.[420] Dass er in Aegypten gewesen sei und zwar im reifern Alter, erzählt

[417] In einer von Modestinus in L. 20. pr. D. de lib. leg. (34, 3) mitgetheilten Urkunde heisst es: 'et absolvo ei et libero ex pignoribus eius domum et possessionem C a p e r l a t a m.' Aber wo haben wir Caperlata zu suchen? Man könnte an Syrien und Palästina denken, wo es eine Stadt C a p e r s a n a und eine andere C a p e r n a u m gab. — Ueber Modestins Verhältniss zu Dalmatien s. Anm. 260. Dass er hier geboren oder auch nur Statthalter gewesen sei (Zimmern S. 383 f.), ist eine durchaus willkürliche Vermuthung. S. dagegen auch Puchta S. 473 f.

[418] L. 13. §. 2. D. de excus. (27, 1).

[419] Seinen Lehrer Ulpian zeichnet Modestin mehrmals durch den Zusatz ὁ κράτιστος aus. L. 2. §. 4. D. qui petant (26, 6). L. 2. i. f. D. de excus. (27, 1). L. 4. i. f. eod. Vgl. Schulting p. 545 sq. — Ueber P a u l u s' Herkunft eine einigermassen begründete Vermuthung aufzustellen, ist, so viel ich sehe, nicht möglich. Dass er mit Ulpian und mit Alexanders Mutter Mammaea befreundet war, ist noch kein Grund, ihn zum Phönicier zu machen. Bertrand bei Schulting p. 198. Uebrigens kommt bei Suidas ein Paulus aus Tyrus vor. Schulting p. 198 sq. Eben so wenig aber ist erwiesen, dass unser Paulus aus Padua stammt. Die Statue in Padua kann auf den gleichnamigen Dichter gehen. Grotius bei Schulting p. 207. Zimmern S. 368. Ueberhaupt vgl. Otto Papinianus p. 15 sqq. Stellen, wie L. 63. §. 2. D. ad leg. Falcid. (35, 2). L. 11. D. de evict. (21, 2). L. 35. §. 3. D. ex quib. caus. (4, 6). L. 4. D. de auro (34, 2). L. 9. pr. D. si pars hered. (5, 4), in denen Hispania, Germania trans Rhenum, der praefectus Aegypti und Asia erwähnt werden, geben keine Anhaltspunkte. Wäre wirklich anzunehmen, dass Paulus aus Padua stamme, so käme in Betracht, dass sowohl Cremona als Mediolanum Studiensitze waren (Friedländer II. S. 40), so dass hier vielleicht auch Rechtsunterricht ertheilt worden sein mag.

[420] Spartian. Did. Iulian. 1. — Didio Iuliano qui post Pertinacem imperium adeptus est, proavus fuit Salvius Iulianus bis consul praefectus urbi et iuris consultus, quod magis eum nobilem fecit, mater Clara Aemilia, pater Petronius Didius Severus, fratres Didius Proculus et Nummius Albinus, avunculus Salvius Iulianus, avus paternus Insubris Mediolanensis, maternus ex Hadrumetina colonia. Jetzt bezweifelt man nicht mehr, dass unser Julian nicht der väterliche, sondern der mütterliche Grossvater des Kaisers war. Neuber a. a. O. S. 183 f. Zimmern S. 335 f. Rudorff S. 171.

er selbst. L. 36. D. de solut. (46, 3). — esse mulierem Romae Alexandrinam ab Aegypto, quae quinque simul peperit et tum habebat incolumes, et hoc et in Aegypto affirmatum est mihi.

Da auch sein Styl nicht frei von Gräcismen ist,[421] so liegt die Vermuthung nahe, dass er längere Zeit in der Provinz gelebt habe. Ob aber in Africa oder in Syrien, — denn nur eine von diesen Provinzen scheint in Betracht kommen zu können, — ist nicht zu bestimmen.

In den Pandekten finden sich Excerpte aus zwei Schriften eines Juristen Tertullian.[422] Man vermuthet ziemlich allgemein,[423] dass dieser Jurist mit dem Kirchenlehrer Q. Septimius Florens Tertullianus aus Carthago identisch sei, und mit gutem Grund. Der Jurist hat einerseits nach Julian und Pomponius,[424] anderseits aber vor oder doch höchstens gleichzeitig mit Ulpian gelebt;[425] diese Zeitbestimmung passt auf den Kirchenlehrer, der etwas nach der Mitte des zweiten Jahrhunderts, um 160, geboren sein muss.[426] Dazu kommt, dass dieser, den Eusebius als ἄνδρα τοὺς Ρωμαίων νόμους ἠκριβωκότα bezeichnet,[427] in seinen theologischen Werken eine genaue Bekanntschaft mit dem römischen Recht an den Tag legt,[428] ja, die auffallende Neigung hat, juristische Begriffe und Kunstausdrücke auf das religiös-sittliche und kirchliche Gebiet zu übertragen.[429]

421 Neuber S. 185. Zimmern S. 336 f. — Der erstere will diese Erscheinung aus einem „vielleicht etwas zu eifrigen Studium der Werke der Griechen“ erklären.

422 Zwei Fragmente aus libri VIII quaestionum und drei Fragmente aus einem liber sing. de castrensi peculio. Hommel II. p. 505 sq.

423 Zimmern S. 366 f. Puchta S. 468. Rudorff I. S. 196 f.

424 In L. 3. §. 2. D. de her. inst. (28, 5) wird er nämlich nach Iulian citirt und zufolge L. 30. §. 6. D. de adq. her. (29, 2) citirt er selbst den Sextus Pomponius. Uebrigens liest die Florentina hier Sextum Proponium.

425 Ulpian citirt ihn nämlich. L. 30. §. 6. cit. L. 3. §. 2. cit. L. 2. §. 44. D. ad Sc. Tertull. (38, 17). — Der Urheber des Sc. Tertullianum ist älter, da dieser Senatsschluss bereits dem Julian und Pomponius bekannt ist, und heisst wohl Tertullus. Zimmern S. 366. Mommsen Jahrb. III. S. 9 Anm. 15 a.

426 Böhringer Kirchengeschichte der drei ersten Jahrhunderte in Biographien. 2. Hälfte (2. Aufl. Zürich 1864) S. 3.

427 Rudorff a. a. O. Anm. 197.

428 Zimmern a. a. O.

429 Böhringer a. a. O. S. 808 f. Vgl. jetzt auch über die von ihm gebrauchten Ausdrücke digestum Lucae und nostra digesta, womit er die Evangelien meint, Mommsen Zeitschr. f. Rechtsgesch. VII. S. 481 u. 485.

Nur ein Umstand scheint der Identität des Juristen und Kirchenlehrers entgegenzustehen, nämlich, dass der eine klar und einfach, der andere dagegen dunkel und schwülstig schreibt. Aber genauer betrachtet, liegt in dieser Verschiedenheit kein Gegenargument.

Mit Recht hebt Bernhardy [430] hervor, dass man die kirchliche Gruppe der afrikanischen Schriftsteller von der profanen wohl unterscheiden und bei den einzelnen Individuen wieder den Stoff und Zweck der Schrift berücksichtigen müsse. „Welch ein Unterschied ist schon zwischen Augustinus dem Kirchenlehrer und dem Prediger, der besonders ungelehrten Bürgern gegenüber die Worte und Wortformen nicht zu genau nimmt; zwischen Arnobius dem Apologeten und Arnobius dem Ausleger der Psalmen, der in der bäurischen Latinität zu reden scheint.“ Dieselbe Erscheinung findet sich, wie Böhringer [431] darthut, bei Tertullian. „Bald schreibt er kurz, gedrängt, abgebrochen; man kann nicht kürzer sein; bald häuft er Wort auf Wort und ergiesst sich im breitesten Redestrom.“

Finden sich nun schon solche Verschiedenheiten in theologischen Schriften, wie darf man sich dann wundern, wenn der Jurist Tertullian anders schreibt als der Kirchenlehrer? Dazu kommt, dass Tertullian als Kirchenlehrer sich für den neuen Gedankenkreis, in dem er sich bewegte, gewissermassen erst eine Sprache schaffen musste. [432]

Hiernach dürfte also die Identität des Juristen und des Kirchenlehrers Tertullian als hinreichend gesichert gelten. Gehen wir nun von dieser Identität aus, so erscheinen noch zwei Umstände in einem ganz besondern Licht: nämlich dass der Jurist Tertullian speciell für eine die Municipialmagistrate betreffende Frage citirt wird, [433] und dann, dass gerade Ulpian und kein anderer juristischer Schriftsteller es ist, der ihn citirt; [434] ein Jurist aus Phönicien musste natürlich an einem karthagischen Juristen ein ganz besonderes Interesse haben.

Tertullian aber mag in Karthago nicht nur Advokat, wie man gewöhnlich vermuthet, [435] sondern auch Rechtslehrer gewesen sein. Da seine Schriften in den Pandekten benutzt sind, so muss er auch das ius respondendi gehabt haben.

[430] Röm. Litteratur Anm. 231.

[431] a. a. O. S. 804.

[432] Böhringer a. a. O. S. 808.

[433] L. 2. §. 44. ad Sc. Tertull. (38, 17). — quod et in magistratibus municipalibus tractatur apud Tertullianum.

[434] S. die Stellen oben in Anm. 425.

[435] Vgl. Böhringer S. 809 u. S. 4.

Uebrigens ist es möglich, dass Tertullian auch in Rom als Jurist aufgetreten ist. Dass er in Rom gewesen sei, deutet er selbst an. „Ueberhaupt setzt die Kenntniss stadtrömischer Zustände, die sich in seinen Schriften findet, eine unmittelbare Anschauung derselben voraus. Indessen ist uns über den Zeitpunkt und die Dauer dieses Aufenthalts nichts Sicheres bekannt; nicht einmal können wir mit Bestimmtheit sagen, ob derselbe in die Zeit vor oder nach seinem Uebertritt zum Christenthum fällt." [436]

Callistratus berücksichtigt namentlich in seinen libri VI de cognitionibus in der auffallendsten Weise die Provinzen. So redet er fortwährend von provincia, den provinciales, dem praeses provinciae, proconsul, legatus, procurator Caesaris, von mandata für den Statthalter, von decuriones et principales civitatum, vom decurionatus [437] u. s. w. und führt dabei mehrmals griechische Rescripte der Kaiser an. [438]

Die Schrift ist denn auch in einer Provincialstadt geschrieben, wie aus folgender Stelle hervorgeht.

L. 5. pr. D. de iure imm. (50, 6). — Semper in civitate nostra senectus venerabilis fuit; namque maiores nostri paene eundem honorem senibus quem magistratibus tribuebant. Circa munera quoque municipalia subeunda idem honor senectuti tributus est.

Dass der Ausdruck civitas, der an den andern Stellen der Schrift unleugbar eine Stadtgemeinde bezeichnet, [440] die nämliche Bedeutung auch an unserer Stelle hat, beweist der Fortgang derselben. Hier heisst es nämlich: maxime si . . . ex ea sit civitate, in qua non facile sufficientes viri publicis muneribus inveniantur.

Die nostra civitas ist aber in einen unverkennbaren Gegensatz zur Urbs, d. h. zu Rom gesetzt.

L. 5. §. 3. D. de iure immun. (50, 6). — Negotiatores qui annonam urbis adiuvant, item navicularii, qui annonae urbis serviunt, immunitatem a muneribus publicis consequuntur, quamdiu in eiusmodi actu sunt; nam remuneranda pericula eorum, quin etiam exhortanda

[436] Böhringer S. 7.

[437] L. 9. L. 19. pr. D. de off. praes. (1, 18). L. 36. §. 1. D. de iudic. (5, 1). L. 31. D. de re iud. (42, 1). L. 12. D. de custod. (48, 3). L. 27. u. L. 28. §. 3. L. 35. D. de poen. (48, 19). L. 37. D. ad munic. (50, 1). L. 12. D. de decur. (50, 2). L. 5. §. 1. u. §. 10. D. de iure imm. (50, 6) u. s. w.

[438] L. 5. §. 2. u. §. 6. D. de iure imm. (50, 6). L. 16. D. de serv. (8, 3).

[439] L. 5. §. 3. u. §. 5. D. de iure imm. (50, 6). Negotiatores qui annonam urbis adiuvant, item navicularii annonae urbis serviunt . . .

[440] L. 17. §. 1. D. de excus. (27, 1). L. 27. §. 1. u. §. 2. L. 28. §. 3. D. de poenis (48, 19). L. 12. D. de decur. (50, 2).

praemiis merito placuit; ut qui peregre muneribus et quidem publicis cum periculo et labore fungentur, a domesticis vexationibus et sumptibus liberentur, cum non sit alienum dicere, etiam hos rei publicae causa, dum annonae urbis serviunt, abesse.[441]

Die maiores, bei denen das Alter in so hohen Ehren gestanden hat, sind ohne Zweifel die Bewohner von Hellas, so dass die civitas nostra des Callistratus als eine griechische Stadt erscheint. Der Umstand, dass Callistratus ganz besondere Rücksicht auf die für Seefahrer wichtigen Rechtsbestimmungen nimmt,[442] lässt vermuthen, dass es eine Seestadt oder doch ein Emporium war.

Die wichtigsten Stellen nun, welche Andeutungen über die geographische Lage der Stadt enthalten können, sind folgende.

L. 37. D. de iudic. (5, 1). — divus Hadrianus τῷ κοινῷ τῶν Θεσσάλων Graece rescripsit.

L. 3. §. 3. D. de testib. (22, 5). — Idem divus Hadrianus Iunio Rufino proconsuli Macedoniae rescripsit . . .

L. 17. §. 1. D. de excus. (27, 1). Iliensibus et propter inclytam nobilitatem civitatis et propter coniunctionem originis Romanae iam antiquitus . . . plenissima immunitas tributa est . . .

L. 11. D. de decur. (50, 2). — quod etiam . . . principes nostri consulti de allegendis in ordine Nicomedensium huius aetatis hominibus rescripserunt.

L. 5. D. de decret. (50, 9). — divus Hadrianus Nicomedensibus rescripsit.

L. 3. §. 1. D. de testib. (22, 5). — divus Hadrianus Vivio Varo legato provinciae Ciliciae rescripsit.

L. 26. D. de poen. (48, 19). — idque divi fratres Hierapolitanis rescripserunt.

Die berühmteste Stadt dieses Namens, an welche wir also zunächst zu denken haben, liegt in Syrien.

L. 5. §. 1. D. de iure immun. (50, 6). — idque etiam colligi potest ex literis divi Pii, quas emisit ad Ennium Proculum, proconsulem provinciae Africae.

Aber auf Grund dieser Stellen die Provinz zu bestimmen, ist nicht möglich. Vielleicht haben wir an Caesarea in Cappadocien zu denken. Dafür lässt sich anführen, dass dieser Ort, der früher Mazaca hiess, von einem Cappadocischen Könige nach griechischem Muster

[441] Vgl. L. 5. §. 5. D. eod.

[442] L. 4. D. de lege Rhod. (14, 2). L. 6. §. 7. D. de incend. (47, 9). L. 5. §. 3 sqq. D. de iure immun. (50, 6) u. s. w.

neu gestaltet worden ist,[443] und dass Caesaria für gewisse orientalische Waaren als Stapelplatz erscheint.[444]

Auch Marcian verräth auf's Deutlichste seine griechische Abstammung. Derselbe citirt nicht nur wiederholt Homer[445], sondern, was wirklich ins Gewicht fällt, Demosthenes und Chrysippus, indem er zugleich längere Stellen aus einer Rede des erstern und aus des letztern philosophischer Abhandlung περὶ νόμου mittheilt[446]. Ausserdem gebraucht Marcian mehrfach griechische, auf das Recht bezügliche Kunstausdrücke, so z. B., abgesehen von ἀντίχρησις, ἀπολιδες und ἀνάκρισις[447] und constatirt eine griechische Rechtssitte[448]. Da beinahe alle diese Bemerkungen aus seinen Institutionen entnommen sind, so dürfen wir annehmen, dass Marcian in einer griechisch redenden Provinz Lehrer gewesen sei und daselbst auch dieses Lehrbuch geschrieben habe.

Für die Bestimmung der Provinz aber kommen namentlich folgende Stellen in Betracht.

L. 5. §. 1. D. de poen. (48, 6) aus lib. XIV. instit. — divus Pius τῷ κοινῷ τῶν Θεσσάλων Graece rescripsit.

L. 4. §. 5. D. de legat. (50, 7) aus lib. XII. instit. — divus Hadrianus ad Clazomenios rescripsit.

L. 1. §. 4. D. de lege Cornel. (48, 10) aus lib. XIV. instit. — sic et divus Severus lege Cornelia de falsis damnavit praefectum Aegypti, quod instrumentis suis, cum praeerat provinciae, falsum fecit.

L. 6. §. 1. D. de custod. (48, 3) aus lib. II. de publ. iudic. — sed et caput mandatorum extat, quo divus Pius, cum provinciae Asiae

[443] Kuhn a. a. O. II. S. 232.

[444] Dirksen Schriften d. Berliner Akademie 1843. Phil.-histor. Classe S. 95.

[445] L. 65. §. 4. D. de legat. III. aus lib. VII. instit. — sic denique et Homerus in Odyssea ait. Folgen die Verse XIII. 407 sqq. L. 1. D. de m. c. donat. (39, 6) aus lib. IX. instit. — sic et apud Homerum Telemachus donat Piraeo.

[446] L. 2. D. de legib. (1, 3) aus lib. I. instit. — Nam et Demosthenes orator sic definit: Τοῦτό ἐστι νόμος u. s. w. (orat. I. adv. Aristog. I. p. 774 med. ed. Reisk.). Sed et philosophus summae Stoicae sapientiae Chrysippus sic incipit libro, quem fecit περὶ νόμου: Ὁ νόμος πάντων ἐστὶ βασιλεὺς u. s. w.

[447] L. 17. §. 1. D. de poen. (48, 19) aus lib. I. instit. — Idem quidam ἀπόλιδες sunt, hoc est sine civitate u. s. w. L. 6. §. 1. D. de custod. (48, 3) aus lib. II. de iudiciis publicis. — et ideo cum quis ἀνάκρισιν faceret, iuberi oportet venire irenarchen u. s. w.

[448] L. 8. §. 1. D. de div. rer. (1, 8) aus lib. IV. regul. — Sunt autem sagmina quaedam herbae, quas legati populi Romani ferre solent, ne quis eos violaret, sicut legati Graecorum ferunt ea quae vocantur cerycia.

praeerat, sub edicto proposuit, ut irenarchae, cum apprehenderint latrones, interrogent eos de sociis et receptatoribus u. s. w.

L. 24. D. de ann. legat. (38, 1) aus lib. VIII. instit. — cum erat certa summa, id est centum, rei publicae Sardianorum relicta per quadriennium certaminis Chrysanthiani, divi Severus et Antoninus rescripserunt u. s. w.

Sardes ist eine der mehreren Metropolen Asiens in Lydien.

Von besonderer Wichtigkeit aber ist das aus des Marcian lib. sing. de delatoribus entnommene Verzeichniss ausländischer steuerpflichtiger Waaren (species pertinentes ad vectigal)[449]. Dieses Verzeichniss ist offenbar unvollständig, aber dem Verfasser muss auch die Absicht fern gelegen haben, sämmtliche einer Eingangssteuer unterworfenen Artikel namhaft zu machen. Die Unvollständigkeit ist jedoch nicht etwa so zu erklären, als ob Marcian nur eine Auswahl der vornehmsten steuerpflichtigen Einfuhrartikel habe geben wollen, vielmehr muss in einem gewissen Sinne allerdings eine Vollständigkeit beabsichtigt sein. Um es mit einem Wort zu sagen; es sind nur die orientalischen Waaren[450] und zwar die, welche über Asien und Syrien kamen[451]. Für die Delatoren dieser Länder war also Marcians Schrift bestimmt, und der Verfasser selbst muss hier ansässig gewesen sein. Die Stadt näher zu bestimmen, ist nicht möglich; das Nächstliegende ist immer, an Beryt zu denken.

Ohne Zweifel stammen noch manche andere Juristen aus der Provinz. Dahin mögen z. B. noch Javolenus Priscus, Venuleius Saturninus und Claudius Tryphoninus gehören. Dass Javolen, den schon Hotoman für einen Griechen erklärte, sich von Gräcismen nicht

[449] L. 16. §. 7. D. de public. (39, 4). Dazu Dirksen: Abhandlungen der Berl. Akad. der Wissensch. 1843. Phil. histor. Classe S. 59—108.

[450] Von einem grossen Theile der Waaren ist das ohne Weiteres klar; so bei aroma Indicum, ferrum Indicum, opia Indica, Indici leones, leaenae u. s. w., capilli Indici, pelles Babylonicae, pelles Parthicae, cassia Tyriana, onyx Arabicus, aber auch bei der vestis serica vel subserica und der metaxa, da die Seide bekanntlich aus dem Orient bezogen wurde. Von den meisten andern Waaren ist die orientalische Herkunft gleichfalls nachweislich. So werden von Sclaven in dem Verzeichniss nur Eunuchen (spadones) aufgeführt, obwohl doch auch andere Sclaven einer Eingangssteuer unterlagen. Marquardt III, 2 Anm. 1156. Aber der Orient war der specielle Markt für Eunuchen. Vgl. Dirksen S. 103. Opus byssicum sind indische Musselinstoffe, folium barbaricum ist gleichfalls eine orientalische Pflanze; das Prädicat barbaricum wird von Producten Asiens, insbesondere Indiens gebraucht u. s. w.

[451] Marquardt III, 2 S. 205.

frei hält, giebt man zu.[452] Venuleius Saturninus citirt in seiner Schrift de poenis paganorum nicht blos Homer, sondern auch Demosthenes, aus dessen Rede gegen Midias er eine längere Stelle mittheilt. Da diese Citate wirklich zur Erläuterung des römischen Rechts dienen,[453] so darf man vielleicht vermuthen, dass die Schrift für Provincialen bestimmt,[454] also auch wohl, dass sie in einer Provinz geschrieben sei.

Was endlich Tryphoninus anbetrifft, so ist ein Rescript des Kaisers Antoninus an ihn aus dem Jahre 213 sehr bemerkenswerth.

L. 1. C. de Iudaeis et Coelicolis (1, 9). Imp. Antoninus A. Claudio Tryphonino. — Quod Cornelia Salvia universitati Iudaeorum, qui in Antiochiensium civitate constituti sunt, legavit, peti non potest.

Dass der Adressat unser Claudius Tryphoninus sei, daran zweifelt man nicht; nur darüber ist man ungewiss, ob das Rescript „an ihn etwa als Vorsteher Syriens oder als Anwalt des Fiscus" erlassen sei.[455] Keine dieser beiden Annahmen hat etwas für sich, vielmehr wird Tryphoninus, wie der Mangel eines Titels andeutet, Privatmann in Coelesyrien gewesen sein. Ich denke mir, er war in Beryt Rechtslehrer und Advokat,[456] und in der letztern Eigenschaft fragte er im Interesse der Judengemeinde zu Antiochia beim Kaiser an.

---

452 Neuber a. a. O. S. 173.

453 L. 16. D. de poenis (48, 19). Hier setzt er auseinander, dass es vier Arten strafbarer Handlungen gebe, bei denen aber wieder septem modi in Betracht kommen, unter andern die qualitas und der eventus. §. 6. Qualitate: cum factum vel atrocius vel levius est, ut furta manifesta a nec manifestis discerni solent, rixae a grassaturis, expilationes a furtis, petulantia a violentia. Quae de re maximus apud Graecos orator Demosthenes sic ait. Folgt eine Stelle aus der oratio c. Midiam. I. p. 537 ed. Reisk. — §. 8. Eventus spectetur, ut a clementissimo quoque facta, quamquam lex non minus eum qui occidendi hominis causa cum telo fuerit, quam cum qui occiderit, puniat; et ideo apud Graecos exilio voluntario fortuiti casus luebantur, ut apud praecipuum poetarum scriptum est. Folgen die Verse 85 sqq. aus dem 23. Buch der Ilias.

454 Vgl. L. 16. cit. §. 9.: Evenit, ut eadem scelera in quibusdam provinciis gravius plectantur, ut in Africa messium incensores, in Mysia vitium, ubi metalla sunt, adulteratores monetae.

455 Zimmern S. 365.

456 Vgl. z. B. L. 78. §. 9. D. ad Sc. Trebell. (36, 1). — Claudius et alias de eodem facto consultus ita respondit u. s. w.

Zwei interessante Thatsachen sind jedenfalls das Resultat unserer Untersuchung: einmal, dass die Juristen, an deren Namen wir die Blüthe der römischen Rechtswissenschaft knüpfen, wenigstens eine Zeitlang Professoren gewesen sind, dann, dass eine grosse Zahl derselben nicht aus Rom oder Italien, sondern aus der Provinz stammt. Und zwar befinden sich unter diesen Provinzialjuristen gerade 'die Spitzen', ein Julian, ein Scaevola, ein Papinian, ein Ulpian, ein Modestin. Bedeutungsvoll ist dieses Resultat im hohen Grade; aber Wunder nehmen kann es doch nur dann, wenn man die Entwickelung ausser Acht lässt, welche das römische Reich seit dem Ende der Republik genommen hat. Noch immer ist Rom der Mittelpunkt der Welt, aber Römer giebt es kaum mehr. Hat Rom den Provinzen früher seine Cultur zugeführt, so zahlen die Provincialen jetzt die Schuld heim: alle seine Kräfte, gute wie schlechte, zieht Rom jetzt aus den Provinzen.

Mit dem römischen Volk ist auch das römische Recht ein anderes geworden. Das ius civile proprium Romanorum mit seiner Exclusivität und seiner Formenstrenge hat sich gegenüber dem Recht der gentes mit seinen kosmopolitischen Principien und seiner Formlosigkeit nicht behaupten können; aus dem Ineinanderwirken beider Elemente entstand ein neues römisches Recht, das dazu bestimmt war, als Weltrecht ein neues Leben zu beginnen. An diesem Umbildungsprocess haben die Juristen und Rechtslehrer aus der Provinz ohne Zweifel den bedeutendsten Antheil.

Verbesserung.

In den Anmerkungen 41, 108 und 112 ist die Verweisung auf den letzten Abschnitt zu tilgen.

Druck der Berliner Associations-Buchdruckerei (Urbat & Genossen).

FSC
www.fsc.org
MIX
Papier | Fördert gute Waldnutzung
FSC® C083411

Kolibri 360 GmbH
Ferdinand-Jühlke-Straße 7
99095 Erfurt, Deutschland
produktsicherheit@kolibri360.de